Uwe Bollerslev

Verknüpfung von objektorientierter Modellierung mit relationaler Datenhaltung

Bibliografische Information der Deutschen Nationalbibliothek:

Bibliografische Information der Deutschen Nationalbibliothek: Die Deutsche Bibliothek verzeichnet diese Publikation in der Deutschen Nationalbibliografie; detaillierte bibliografische Daten sind im Internet über http://dnb.d-nb.de/ abrufbar.

Copyright © 1997 Diplomica Verlag GmbH
Druck und Bindung: Books on Demand GmbH, Norderstedt Germany
ISBN: 9783838617510

http://www.diplom.de/e-book/217617/verknuepfung-von-objektorientierter-modellierung-mit-relationalen-datenbanken

Uwe Bollerslev

Verknüpfung von objektorientierter Modellierung mit relationalen Datenbanken

Diplom.de

Uwe Bollerslev

Verknüpfung von objektorientierter Modellierung mit relationalen Datenbanken

Diplomarbeit
an der FernUniversität - Gesamthochschule Hagen
Oktober 1997 Abgabe

Diplomarbeiten Agentur
Dipl. Kfm. Dipl. Hdl. Björn Bedey
Dipl. Wi.-Ing. Martin Haschke
und Guido Meyer GbR

Hermannstal 119 k
22119 Hamburg

agentur@diplom.de
www.diplom.de

ID 1751

Bollerslev, Uwe: Verknüpfung von objektorientierter Modellierung mit relationalen Datenbanken / Uwe Bollerslev - Hamburg: Diplomarbeiten Agentur, 1999
Zugl.: Hagen, Universität - Gesamthochschule, Diplom, 1997

Dipl. Kfm. Dipl. Hdl. Björn Bedey, Dipl. Wi.-Ing. Martin Haschke & Guido Meyer GbR
Diplomarbeiten Agentur, http://www.diplom.de, Hamburg
Printed in Germany

Diplomarbeiten Agentur

Wissensquellen gewinnbringend nutzen

Qualität, Praxisrelevanz und Aktualität zeichnen unsere Studien aus. Wir bieten Ihnen im Auftrag unserer Autorinnen und Autoren Wirtschaftsstudien und wissenschaftliche Abschlussarbeiten – Dissertationen, Diplomarbeiten, Magisterarbeiten, Staatsexamensarbeiten und Studienarbeiten zum Kauf. Sie wurden an deutschen Universitäten, Fachhochschulen, Akademien oder vergleichbaren Institutionen der Europäischen Union geschrieben. Der Notendurchschnitt liegt bei 1,5.

Wettbewerbsvorteile verschaffen – Vergleichen Sie den Preis unserer Studien mit den Honoraren externer Berater. Um dieses Wissen selbst zusammenzutragen, müssten Sie viel Zeit und Geld aufbringen.

http://www.diplom.de bietet Ihnen unser vollständiges Lieferprogramm mit mehreren tausend Studien im Internet. Neben dem Online-Katalog und der Online-Suchmaschine für Ihre Recherche steht Ihnen auch eine Online-Bestellfunktion zur Verfügung. Inhaltliche Zusammenfassungen und Inhaltsverzeichnisse zu jeder Studie sind im Internet einsehbar.

Individueller Service – Gerne senden wir Ihnen auch unseren Papierkatalog zu. Bitte fordern Sie Ihr individuelles Exemplar bei uns an. Für Fragen, Anregungen und individuelle Anfragen stehen wir Ihnen gerne zur Verfügung. Wir freuen uns auf eine gute Zusammenarbeit

Ihr Team der *Diplomarbeiten* Agentur

Dipl. Kfm. Dipl. Hdl. Björn Bedey —
Dipl. Wi.-Ing. Martin Haschke ——
und Guido Meyer GbR ————

Hermannstal 119 k ————
22119 Hamburg ————

Fon: 040 / 655 99 20 ————
Fax: 040 / 655 99 222 ————

agentur@diplom.de ————
www.diplom.de ————

Inhaltsverzeichnis

Abbildungs- und Tabellenverzeichnis

1 Einleitung

Viele der in der Informationsverarbeitung vorkommenden Anwendungsfälle zeichnen sich durch einfache Strukturen und einfaches, vereinheitlichtes Verhalten aus. Diese Anwendungsfälle können mit dem Relationenmodell ohne semantischen Bruch abgebildet werden. Aus diesem Grund haben relationale Datenbanksysteme nach dem derzeitigen Stand einen weiten Verbreitungsgrad in Wirtschaft und Verwaltung.

Zur Entwicklung komplexer Softwaresysteme werden vermehrt objektorientierte Verfahren eingesetzt. Zur Anwendung kommen dabei Programmiersprachen wie C++ oder Smalltalk, die die objektorientierte Modellierung unterstützen und dadurch eine effiziente Entwicklung ermöglichen. Auch beim Einsatz objektorientierter Verfahren für die Erstellung von Anwendungen ergibt sich die Notwendigkeit, die Anwendungsdaten dauerhaft zu speichern. Als Möglichkeiten für die dauerhafte Speicherung der Daten aus den mit objektorientierten Werkzeugen erstellten Anwendungen bieten sich spezielle objektorientierte Datenbanksysteme oder die bereits in weit verbreitet existierenden relationalen Datenbanksysteme an. Bei der Verwendung eines relationalen Datenbanksystems für die dauerhafte Speicherung von Daten besteht das Problem, daß wegen der eingeschränkten Modellierungsmöglichkeiten des relationalen Datenmodells viele semantische Informationen, die für eine möglichst genaue Abbildung der Objekte der Realwelt notwendig sind, verlorengehen. Das den Konzepten der objektorientierten Programmiersprachen entsprechende objektorientierte Datenmodell vermeidet die semantischen Schwächen des Relationenmodells. Der Einsatz eines auf dem objektorientierten Datenmodell basierenden Datenbanksystems ist somit eine adäquate Lösung für die dauerhafte Speicherung von Daten aus einer mit objektorientierten Werkzeugen erstellten Anwendung.

Wegen des weiten Verbreitungsgrades der relationalen Datenbanksysteme in Wirtschaft und Verwaltung besteht aber ein grundlegendes Interesse am Erhalt der in die relationale Datenbanktechnologie und den darauf aufbauenden Anwendungen getätigten Investitionen, sowohl von Seiten der Hersteller relationaler Datenbanksysteme, als auch von Seiten der anwendenden Wirtschaft und Verwaltung. Es stellt sich daher die Frage, ob es nicht Wege gibt, die Daten aus den mit modernen objektorientierten Werkzeugen erstellten Anwendungen in einem Datenbanksystem, das das Relationenmodell weiterhin voll unterstützt, so zu speichern, daß den Anforderungen der objektorientierten Modellierung entsprochen wird.

Hier Wege aufzuzeigen ist Gegenstand dieser Arbeit. Die Arbeit gliedert sich hierzu wie folgt:

In Kapitel 2 der vorliegenden Arbeit werden die Modellierung der in der nachfolgenden Abb. 1 abgebildeten Teilestruktur, die in der vorliegenden Arbeit als durchgehendes Beispiel für die Beschreibung der jeweiligen Konzepte zugrundegelegt wird, mit den Mitteln des Entity-Relationship-Modells dargestellt und die Überleitung in das relationale Datenmodell durchgeführt.

Durch die in Abb. 1 dargestellte Teilestruktur soll z.b. für das Teil 'Produkt 1' beschrieben werden, daß dieses aus aus 3 Teilen 'Einzelteil 1' und aus 2 Teilen 'Baugruppe 1' besteht, wobei das Teil 'Baugruppe 1' aus 3 Teilen 'Einzelteil 2' und aus 6 Teilen 'Einzelteil 3' besteht.

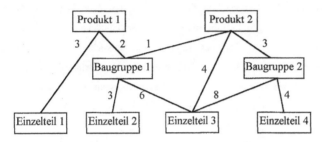

Abb. 1. Teilestruktur einer Stückliste aus GEHRING (1993, KE 2, S. 21)

Aus der Beschreibung des Strukturteils und des Operationenteils des relationalen Datenmodells werden dann die semantischen Schwächen des Relationenmodells abgeleitet.

In Kapitel 3 wird die objektorientierte Modellierung anhand der Prinzipien der objektorientierten Programmiersprachen und deren Umsetzung in die Konzepte objektorientierter Datenbanksysteme beschrieben. Anschließend wird ein Vergleich mit dem relationalen Datenmodell durchgeführt.

In Kapitel 4 werden zwei Ansätze zur Integration von objektorientierten Datenmodell und Relationenmodell dargestellt und anhand der in Kapitel 3 beschriebenen Anforderungen der objektorientierten Modellierung für die Speicherung von Daten bewertet.

In Kapitel 5 werden die Ergebnisse der vorgestellten Ansätze gegenübergestellt und einer näheren Betrachtung unterzogen.

2 Relationale Datenbanksysteme

Das von CODD (1970) entwickelte relationale Modell bildet Daten in sogenannten Relationen ab. Eine Relation ist nach GEHRING (1993) eine Anordnung von Daten mit bestimmten Eigenschaften.

Im Relationenmodell von CODD steht nach GEHRING (1993) nicht die Abbildung realer Phänomene an erster Stelle. Im Vordergrund steht eine redundanzfreie Speicherung der Daten durch eine Aufspaltung der Datenmenge. Den Prozeß, der zu redundanzfreien Datenstrukturen führt, bezeichnet CODD als Normalisierung.

Die möglichst genaue Abbildung realer Phänomene ist nach FISCHER (1992, S. 180) Gegenstand der semantischen Datenmodelle. Im Zusammenhang mit dem Relationenmodell von CODD nennt DITTRICH (1990a, S. 230) die semantischen Datenmodelle als Grundlage für den konzeptuellen Datenbankentwurf. Das von CHEN (1976) entwickelte Entity-Relationship-Modells (ERM) ist nach FISCHER (1992, S. 181) ein semantisches Datenmodell. Am Beispiel des ERM wird nachfolgend dargelegt, mit welchen Darstellungsmitteln ein konzeptueller Datenbankentwurf erstellt werden kann und wie die Überleitung in ein Relationenmodell möglich ist.

2.1 Struktur des Entity-Relationship-Modells

2.1.1 ERM-Grundmodell

SCHEER (1995, S. 30 ff.) führt zum ERM-Grundmodell aus, daß das ERM zwischen *Entities*, *Attributen* und *Beziehungen* unterscheidet, wobei die Betrachtung der vorgenannten Begriffe auf der Ausprägungs- und der Typebene erfolgen kann.

Entities sind wirklich vorhandene oder abstrakte Dinge, die für den im Datenmodell abzubildenden Realitätsausschnitt von Bedeutung sind. Die so gefundenen Datenobjekte können nach SCHEER z.B. Kunden, Artikel oder Aufträge sein. Gleichartige Entities können zu Mengen zusammengefaßt werden. Zu Mengen zusammengefaßte Entities werden als Entitytypen bezeichnet. Entitytypen werden nach der Notation von SCHEER durch Großschreibung gekennzeichnet und im ERM-Diagramm als Kästchen dargestellt.

Die Beschreibung der Eigenschaften der Entities erfolgt durch die *Attribute*, z.B. Bezeichnung und Preis des Entitytyps TEIL. Nach SCHEER ist es möglich, daß ein Attribut in einem anderen

Zusammenhang als Entity aufgefaßt werden kann. Eine Unterscheidung zwischen Entity und Attribut kann somit nur aus dem Kontext heraus vorgenommen werden. Entities und Attribute können dadurch unterschieden werden, daß Entitytypen eigene Attribute haben, Attribute haben demgegenüber keine eigenen Attribute. Ein weiteres Unterscheidungsmerkmal ist, daß von einem Entitytyp Beziehungen zu anderen Entitytypen ausgehen.

Eine logische Verknüpfung zwischen zwei oder mehreren Entities wird im ERM als *Beziehung* bezeichnet. Beziehungen können nur in Verbindung mit den betreffenden Entities existieren. Eine Beziehung ohne wenigstens zwei zugehörige Entities kann es nicht geben. Nach der Notation von SCHEER werden auch Beziehungstypen groß geschrieben. Beziehungstypen werden im ERM-Diagramm durch Rauten dargestellt. Die in Abb. 2 dargestellte rekursive Beziehung, der die in Abb. 1 dargestellte Teilstruktur zugrunde liegt, drückt aus, daß ein Teil sowohl aus einer Teilestruktur besteht, als auch Teil in einer Teilstruktur ist.

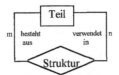

Abb. 2. Darstellung einer rekursiven Beziehung im ERM aus FERSTL und SINZ (1994, S. 93)

Die Zuordnung von Attributen zu den Entitytypen und dem Beziehungstyp aus Abb. 2 ist in der Abb. 3 dargestellt:

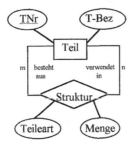

Abb. 3. Zuordnung von Attributen im ERM aus FERSTL und SINZ (1994, S. 93)

Die Attribute werden im ERM durch Kreise dargestellt. Die Wertebereiche von Attributen werden als Domänen bezeichnet.

Entsprechend der Anzahl der durch eine Beziehung verbundenen Entitytypen wird von einer 1-, 2- oder n-stelligen Beziehung gesprochen.

Durch den Komplexitätsgrad einer Beziehung wird angegeben, wieviele andere Entities einem bestimmten Entity eines Typs zugeordnet werden können. Die jeweiligen Angaben werden entsprechend Abb. 2 an den Kanten des ERM-Diagramms eingetragen. Nach der Notation von SCHEER (1995, S. 33) wird dieses durch die Möglichkeiten 1:1, 1:n, n:1 und n:m ausgedrückt und ebenso andersherum. Bei einer 1:1-Beziehung wird jedem Element der ersten Menge genau ein Element der zweiten Menge zugeordnet. Bei einer 1:n-Beziehung wird jedem Element der ersten Menge genau ein Element der zweiten Menge zugeordnet, jedem Element der zweiten Menge werden hingegen n-Elemente der ersten Menge zugeordnet. Bei einer n:1-Beziehung wird der gleiche Inhalt wie bei der 1:n-Beziehung, nur andersherum ausgedrückt. Bei einer n:m-Beziehung werden einem Element der ersten Menge mehrere Elemente der zweiten Menge zugeordnet und ebenso andersherum.

Der Komplexitätsgrad zwischen einem Entitytyp und mindestens einem Wertebereich eines Attributes muß in einer 1:1-Beziehung bestehen. Die Werte des betreffenden Attributes können die Entity-Ausprägungen identifizieren und werden deshalb unterstrichen dargestellt. In Abb. 3 auf Seite 4 ist dies das Attribut 'TNr'.

SCHEER (1995, S. 34) weist darauf hin, daß die vorstehende Notation für die Komplexitätsgrade der Beziehungstypen von der ursprünglichen Arbeit von CHEN abweicht. Die von SCHEER gewählte Notation ist die heute gebräuchlichere und wird deshalb auch in dieser Arbeit verwendet.

2.1.2 Erweiterungen des ERM

Nach SCHEER (1995, S. 35 ff.) wurde das ERM von verschiedenen Autoren ergänzt. In der Diskussion der vorgeschlagenen Erweiterungen hat sich die Erweiterung des ERM um vier grundsätzliche Konstruktionsoperatoren durchgesetzt. Es sind dies die *Klassifizierung, Generalisierung, Aggregation* und die *Gruppierung.*

Die Operation der *Klassifizierung* dient der Erkennung von Datenobjekten (Entities), die zu einem Entitytyp gehören. Dabei werden gleichartige Elemente anhand der gleichen Eigenschaften, die durch die Attribute des untersuchten Entities ausgedrückt werden, erkannt und dem Entitytyp zugeordnet, der entsprechende Eigenschaften hat.

Die *Generalisierung* faßt ähnliche Entitytypen zu einem übergreifenden Entitytyp zusammen. Die Generalisierung ist in der nachfolgenden Abb. 4 dargestellt. Die Entitytypen OBERTEIL und UNTERTEIL werden zu einem übergreifenden Gattungsbegriff TEIL zusammengefaßt. Dabei werden Eigenschaften, die den Ausgangsobjekten gemeinsam sind, auf den generalisierenden Entitytyp übertragen, so daß die Ausgangsobjekte nur noch durch die davon abweichenden Attribute beschrieben werden müssen. Die Schaffung des neuen Entitytyps TEIL wird durch das Dreieck im Verlauf der jeweiligen Kante dargestellt und wird 'is-a-Beziehung' genannt.

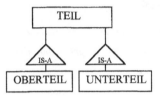

Abb. 4. Generalisierung / Spezialisierung am Beispiel einer nichtrekursiven Teilestruktur

Die Kanten zwischen den Entitytypen sind nicht gerichtet ausgeprägt. Der der Generalisierung entgegengesetzte Fall wird als *Spezialisierung* bezeichnet. Bei der Vorgehensweise der Spezialisierung werden Eigenschaften des Objektes höherer Ordnung auf die spezialisierten Entitytypen vererbt. Die spezialisierten Entitytypen können neben den ererbten Attributen auch eigene Attribute besitzen oder die ererbten Attribute verändern.

Die sich bei der Spezialisierung ergebenden Teilmengen können disjunkt oder überlappend sein. In Abb. 4 überlappen sich die beiden Teilmengen, da ein Teil einerseits Oberteil oder Unterteil oder sowohl Unter- und auch Oberteil sein kann. Bei überlappenden Teilmengen geht von jedem der spezialisierten Entitytypen eine Kante zum Objekt höherer Ordnung (GEHRING, 1993, KE 2, S. 71 ff.). Ein weiteres Kriterium bei der Bildung von Teilmengen ist die Vollständigkeit. Vollständigkeit ist nach SCHEER (1995, S. 37) gegeben, wenn aus einem Oberbegriff alle Teilmengen vollständig gebildet werden. Die in Abb. 4 erzeugten Teilmengen sind vollständig, da im Beispiel neben Ober- und Unterteilen keine weiteren Teilmengen des Entitytyps TEIL bestehen. Der Grad der Vollständigkeit kann über den Komplexitätsgrad der Beziehung ausgedrückt werden. Wenn Vollständigkeit gegeben ist, dann liegt eine 1:1-Beziehung vor. Sofern die Vollständigkeit nicht gegeben ist, kann der Komplexitätsgrad mit den Mitteln der ERM-Grundmodells nicht beschrieben werden, da der Wert 0 für die Beschreibung, daß ein Entity an einer Beziehung beteiligt sein kann, aber nicht muß, als Mengenangabe nicht zugelassen ist. Die Beschreibung des Komplexitätsgrads ist erst mit den nachfolgend dargestellten Erweiterungen des ERM möglich.

Die Bildung neuer Begriffe durch die Zusammenfassung vorhandener Entitytypen wird nach SCHEER (1995, S. 38) als *Aggregation* bezeichnet. Der durch Aggregation gebildete Begriff kann neue Eigenschaften aufweisen. Die durch Aggregation zusammengefaßten Entitytypen waren vor der Aggregation durch eine Beziehung verbunden. Diese Beziehung zwischen den aggregierten Entitytypen wird nach FERSTL und SINZ (1994, S. 98) nach der Aggregation als Objekt höherer Ordnung betrachtet.

Durch die *Gruppierung* werden Teilmengen gebildet, die aus bestimmten Elementen einer Entitymenge bestehen. Die Elemente der Gruppe unterscheiden sich durch eine Eigenschaft (Attribut) von den übrigen Elementen der Entitymenge und können so für sich gruppiert werden. Nach SCHEER (1995, S. 40) wird die Operation Gruppierung innerhalb des ERM durch 1:n-Beziehungstypen dargestellt.

Durch die Erweiterung der Komplexitätsgrade einer Beziehung kann nach SCHEER (1995, S. 41) eine Integritätsbedingung in das ERM eingeführt werden. Die Komplexitätsgrade einer Beziehung werden durch zwei Werte (min, max) für die Anzahl der Beziehungsausprägungen angegeben. Als Wertebereiche gelten $0 \leq min \leq 1$ und $1 \leq max \leq *$ (* entspricht: beliebig viele). Sofern für 'min' nur die Werte 0 und 1 und für 'max' nur die Werte 1 und * zugelassen werden, können die Komplexitätsgrade auf die folgende Schreibweise verkürzt werden:

(1, 1) entspricht 1, (0, 1) entspricht c, (1, *) entspricht m, (0, *) entspricht mc.

Der Komplexitätsgrad eines Beziehungstyps bei gegebener Vollständigkeit wird dann mit 1:1 beschrieben.

Bedingungen der referentiellen Integrität von Daten werden nach SCHEER (1995, S. 42) durch die Definition von existentiellen und identifikatorischen Abhängigkeiten eingeführt. Die existentielle Abhängigkeit betrifft Entitytypen, die z.B. durch die Operation Gruppierung gebildet werden und von der Existenz anderer Entities abhängen. Die identifikatorische und die existenzielle Abhängigkeit betrifft uminterpretierte Beziehungstypen, da diese durch einen zusammengesetzten Schlüssel identifiziert werden. Solche Entitytypen werden als schwache Entitytypen bezeichnet.

2.2 Überleitung eines ERM in ein relationales Datenmodell

Nach der Erstellung des konzeptuellen Modells mit dem ERM muß die Datenstruktur in ein Datenmodell - in diesem Fall das Relationenmodell - überführt werden. Die Überführung eines ERM in ein Relationenmodell wird für eine n:1-Beziehung zwischen zwei Entitytypen am Beispiel der Datenstruktur aus Abb. 3 auf Seite 4 gezeigt.

Zunächst sind einige Grundbegriffe des Relationenmodells einzuführen:

Der Begriff der Relation wird von GEHRING (1993, KE 2, S. 40) wie folgt definiert:

Eine Relation R ist eine Teilmenge des kartesischen Produkts der nicht notwendigerweise disjunkten Wertebereiche W_i von n Attributen A_i, $i = 1,...,n$.

$$R \subset W_1 \ x \ W_2 \ x \ ... \ x \ W_n$$

Die Relation stellt somit eine Menge von n-Tupeln dar:

$$R = \{(w_1, w_2,..., w_n) \ / \ w_i, \ i = 1,..., \ n\}$$

Die Tupel einer Relation werden nach GEHRING (1993, KE 2, S. 42) durch einen Schlüssel, der aus einem Attribut oder einer minimalen Kombination von Attributen besteht, eindeutig identifiziert. Der Schlüssel zur Identifizierung der Tupel wird nachfolgend immer unterstrichen dargestellt.

FISCHER (1992, S. 196 ff.), der sich auf MAYR, DITTRICH und LOCKEMANN (1987, S. 518) bezieht, führt folgende Regeln für die Überführung eines ERM in ein relationales Modell auf:

Regel 1: *Zerlege die Attributtypen des semantischen Modells so, daß die zerlegten Attribute sich 1:1 in den Attributtypen des logischen, relationalen Datenmodells abbilden lassen.*

Falls sich bestimmte Attributtypen einer Abbildung in den beschränkten Datentypen der üblichen relationalen Datenbanksysteme entziehen, so sind sie entweder zu streichen oder in einem Verweis außerhalb der Datenbank zu speichern.

Regel 2: *Ergänze die Attribute jedes Datenobjektes und jeder Beziehung um eindeutig identifizierende Attribute (Schlüsselattribute).*

Regel 3: *Fasse Attributtypen eines Datenobjektes oder einer Beziehung des semantischen Datenmodells in einer Relation des logischen Datenmodells zusammen.*

Regel 4: Eine Beziehung des semantischen Datenmodells wird so in einer Relation abgebildet, daß jeweils die Schlüsselattribute aller an der Beziehung beteiligten Datentypen und die eigenen Attribute der Beziehung in der Relation enthalten sind.

Die Anwendung der vorstehenden Regeln auf die Datenstruktur aus Abb. 3 ergibt nach GEHRING (1993, KE 2, S. 69) folgende nichtrekursive Darstellung einer Teilestruktur:

Entitytyp-Ebene

Relation TEIL: (TNR, T-Bez)

Relation TEILESTRUKTUR: (TNR, OUTeileNr, Teileart, Menge)

Entity-Ebene

Teil

TNr	T-Bez
11	Produkt 1
12	Produkt 2
21	Baugruppe 1
22	Baugruppe 2
31	Einzelteil 1
32	Einzelteil 2
33	Einzelteil 3
34	Einzelteil 4

Teilestruktur

TNr	OUTeileNr	Teileart	Menge
11	21	Unterteil	2
11	31	Unterteil	3
12	21	Unterteil	1
12	22	Unterteil	3
12	33	Unterteil	4
21	32	Unterteil	3
21	33	Unterteil	6
22	33	Unterteil	8
22	34	Unterteil	4
31	11	Oberteil	3
32	21	Oberteil	3
33	21	Oberteil	6
33	22	Oberteil	8
33	12	Oberteil	4
34	22	Oberteil	4
21	11	Oberteil	2
21	12	Oberteil	1
22	12	Oberteil	3

Tab. 1. Nichtrekursive Darstellung einer Teilestruktur in Relationen (GEHRING, 1993, KE 2, S. 69)

Die Information zu einem TEIL, das aus mehreren Unterteilen besteht, die jeweils wieder aus verschiedenen Unterteilen bestehen, ist - wie in nachfolgend dargestellter Tab. 1 ersichtlich - auf die Relationen TEIL und TEILESTRUKTUR verteilt, wobei in der Relation TEILESTRUKTUR mehrere Tupel ein zusammengesetztes Teil repräsentieren.

Da die Tupel eines zusammengesetzten Teils sich in verschiedenen Relationen befinden, müssen die Tupel zur vollständigen Abbildung der Information verbunden werden (KEMPER und

EICKLER, 1996, S. 63). Die relationale Darstellung komplexer Objekte verfügt somit nicht über die volle Information innnerhalb einer Relation.

Für die Modellierung eines konzeptuellen Modells mit den Darstellungsmitteln des erweiterten ERM weist SCHEER (1995, S. 68) darauf hin, daß „Integritätsbedingungen über die Anzahl minimaler und maximaler Ausprägungen von Beziehungen oder Existenzbedingungen über Beziehungen und Entitytypen" zunächst nicht im Relationenmodell abgebildet werden können.

2.3 Operationen im relationalen Modell

Zum Konzept des Relationenmodells wurde von CODD die Relationenalgebra als eine Datenmanipulationssprache entwickelt (GEHRING, 1993, KE 3, S. 23).

Zu den Operationen im Relationenmodell führt DITTRICH (1993, S. 349) aus, daß lediglich vordefinierte „generische" Operationen, die datenstrukturorientiert sind und durch Sprachen wie SQL realisiert werden, vorgesehen sind.

2.3.1 Abfragemöglichkeiten

Die Relationenalgebra beinhaltet nach LAUSEN und VOSSEN (1996, S. 191 ff.) für die Abfrage von relationalen Datenbanken die Selektion, die Projektion, den natürlichen Verbund und die klassischen Mengenoperationen Vereinigung und Differenz.

Nach HEUER (1992, S. 63 ff.) werden mit der *Selection* Tupel aus einer Relation ausgewählt. Als Bedingungen für die Selektion sind wenigstens der 'Attribut-Konstanten-Vergleich' und der 'Attribut-Attribut-Vergleich' über atomare Werte mit den Vergleichsoperatoren $\leq, <, >, \geq$ und $\neq$ erlaubt. Das Ergebnis der Selektion ist wieder eine Relation, die die Teilmenge der mit dem Suchmerkmal übereinstimmenden Tupeln enthält.

Mit der *Projektion* werden bestimmte Spalten einer Relation ausgewählt. Die gewünschten Spalten werden durch die Angabe der Spaltenbezeichnungen / Attribute bei der Formulierung der Projektionsabfrage ausgewählt. Das Ergebnis ist eine Relation, die nur die ausgewählten Spaltenbezeichnungen / Attribute beinhaltet und in der keine doppelten Tupel vorkommen.

Beim *Verbund* gehen nach GEHRING (1993, KE 3, S. 28) zwei Relationen in eine neue Relation ein. Es gehen dabei aber nur die Tupelpaare in die neue Relation ein, zwischen denen ein bei der Formulierung der Operation anzugebender Zusammenhang besteht. Der *natürliche Verbund* vergleicht nach FISCHER (1992, S. 198 ff.) zwei Relationen hinsichtlich der Attributsausprägungen. Dabei wird die Menge aller Tupel gesucht, deren Werte hinsichtlich eines bestimmten Attributes übereinstimmen. Die redundanten Attribute werden eliminiert.

Bei der *Vereinigung* wird nach FISCHER (1992, S. 198) eine Vereinigungsmenge über zwei Relationen gebildet, die alle Tupel aus beiden Relationen enthält, die bestimmten Merkmalen genügen.

Bei der *Differenz* werden die Tupel aus zwei Relationen, die zwar Bestandteil in Relation 1, aber nicht Bestandteil von Relation 2 sind, in einer Menge zusammengefaßt.

Nach LAUSEN und VOSSEN (1996, S. 192) lassen sich mit den vorstehend beschriebenen Operationen der Relationenalgebra (und gegebenenfalls der Möglichkeit, Attribute umzubenennen) alle möglichen Anfragen an eine relationale Datenbank formulieren.

2.3.2 Update-Operationen

Die Sprache SQL beinhaltet neben den Abfrageoperationen, die in der Relationenalgebra beschrieben sind und mit denen keine Veränderungen in der Datenbank vorgenommen werden können, unter anderem auch die Möglichkeit, die Basisrelationen selbst zu verändern. Diese die Basisrelationen verändernden Operationen werden nach HEUER (1992, S. 72) Update-Operationen genannt. HEUER nennt drei Update-Operationen:

- Mit der *Insert-Operation* werden ein oder mehrere Tupel in eine Relation eingefügt, sofern keine Schlüssel- oder Fremdschlüssel-Eigenschaften durch die neuen Tupel verletzt werden.

- Mit der *Delete-Operation* werden ein oder mehrere Tupel, die durch Selektionsbedingungen bezeichnet werden können, gelöscht, sofern keine Fremdschlüsseleigenschaften durch die nach dem Löschen fehlenden Tupel verletzt werden.

- Mit der *Replace-Operation* werden die Attributwerte ein oder mehrerer Tupel, die durch Selektionsbedingungen bezeichnet werden können, geändert, sofern dadurch keine Schlüssel- oder Fremdschlüssel-Eigenschaften verletzt werden.

2.4 Nachteile des Relationenmodells

2.4.1 Datenmodellierung

Nach LAUSEN und VOSSEN (1996, S. 17 ff.) tritt bei der Datenmodellierung im relationalen Modell das Problem auf, daß die Komponenten zusammengesetzter Attribute (wie z.B. eine

Firmenadresse) einzeln als Attribute deklariert werden müssen. Die mengenwertigen Attribute (wie z.b. die Ausstattungsmerkmale eines Fahrzeuges) sind von den einwertigen Attributen zu unterscheiden und müssen deshalb strukturell anders dargestellt werden. Desweiteren muß die Darstellung von zusammengesetzten Entitytypen (wie z.B. der Antrieb in einem Fahrzeug) in mehreren Relationen erfolgen. Die Darstellung von Spezialisierungen erfordert eigene Relationen sowie spezielle Integritätsbedingungen.

Sofern die angegebenen Attribute nicht ausreichend sind für eine eindeutige Identifikation der Tupel (z.B. kann eine Teilbezeichnung weltweit mehrfach von unterschiedlichen Herstellern eingeführt werden), wird die Einführung künstlicher Schlüssel notwendig, die vom Benutzer relationenweit eindeutig generiert werden müssen (KEMPER und EICKLER, 1996, S. 313).

Nach HEUER (1992, S. 89) werden Beziehungen zwischen verschiedenen Relationen eines Objekttyps, Is-a-Beziehungen zwischen verschiedenen Objekttypen und Objekt-Komponentenobjekt-Beziehungen im relationalen Modell durch Fremdschlüssel dargestellt und können deshalb nicht unterschieden werden.

2.4.2 Datenbankentwurf

HEUER (1992, S. 89 ff.) formuliert als Anforderungen an den Datenbankentwurf, daß bei der Erzeugung der Relationenschemata mit Attributen, Domänen, Schlüsseln, Fremdschlüsseln und gegebenenfalls weiteren Integritätsbedingungen möglichst viel von der strukturellen und semantischen Information des Anwendungsgebietes enthalten sein soll. Die resultierende Darstellung soll daneben die implizit im Datenbankmodell enthaltenen Funktionen so unterstützen, daß diese schnell und effizient ausführbar sind, sowie die Überprüfung der inhaltlichen Korrektheit der Datenbank erleichtern.

Die für das Relationenmodell verfügbaren Datenbankentwurfstechniken teilt HEUER (1992, S. 90) in informale Methoden und formale Algorithmen ein. Zu den informalen Methoden, die auch den Datenbankentwurf mit Hilfe des ERM beinhalten, führt HEUER (1992, S. 90) aus, daß die verwendeten Datenmodelle zum einen oft selbst zu schwach sind, um die Anwendung hinreichend genau modellieren zu können, und zum anderen, daß die Entwurfsmodelle so informal sind, daß letztendlich die Qualität des Datenbankentwurfes nicht gemessen werden kann. Die von HEUER (1992, S. 90 - 108) vorgestellten formalen Algorithmen berücksichtigen nach HEUER funktionale Abhängigkeiten und mehrwertige Abhängigkeiten. Die Berücksichtigung von Inklusionsabhängigkeiten unterbleibt, weil zum Zeitpunkt des Datenbankentwurfs entweder noch keine Relationenschemata vorhanden sind (Synthesealgorithmus), oder weil nicht entscheidbar ist, ob sich gewisse Inklusionsabhängigkeiten aus einer Menge anderer funktionaler Abhängigkeiten und Inklusionsabhängigkeiten herleiten lassen (HEUER, 1992, S. 108). Die alleinige Berücksichtigung der funktionalen und der mehrwertigen Abhängigkeiten reicht nach HEUER jedoch nicht aus, um komplexe Anwendungen genau genug modellieren zu können.

2.4.3 Abfrage von komplexen Zusammenhängen

HEUER (1992, S.110) führt zu der praktischen Verwendbarkeit relationaler Systeme aus, daß die Speicherung der Informationen über komplexe Anwendungsobjekte durch die normalisierte und damit redundanzfreie Speicherung oft in mehreren Relationen erfolgt. Bei einer Abfrage von Informationen über gespeicherte komplexe Anwendungsobjekte werden die über mehrere Relationen verteilt gespeicherten Informationen für die Beantwortung der Abfrage in einer Tabelle zusammengefaßt. Die Abfrageantwort kann in der einen Tabelle Informationen über mehrere Objekte beinhalten. Für diesen Fall müßten die betreffenden Objekte dann durch das Anwendungsprogramm aufwendig rekonstruiert werden.

In der Relationenalgebra und in den auf ihr aufbauenden Abfragesprachen besteht nach HEUER (1992, S. 110) auch keine Unterstützung für die direkte Abfrage komplexer Objektstrukturen. Die Formulierung für die Abfrage komplexer Objektstrukturen ist nach HEUER derart umfangreich und kryptisch, daß genaue Kenntnisse der jeweiligen Abfragesprache erforderlich sind, um das gewünschte Ergebnis der Abfrage über mehrere Relationen zu erhalten.

Um die Abfrage von Informationen über ein in mehreren Relationen verteilt gespeichertes Objekt zu ermöglichen, muß nach HEUER (1992, S. 112) ein expliziter Verbund der Relationen hergestellt werden, die die Informationen über das abgefragte Objekt beinhalten. Diese Verbundoperation ist nach HEUER ein unbefriedigender Zustand, sofern der Zusammenhang über die in den betreffenden Relationen gespeicherte Information bereits in der Anwendungsmodellierung ausdrücklich formuliert worden ist. Der Informationszusammenhang verschiedener Relationen ist nach HEUER (1992, S. 112) bereits durch die Datenmodellierung bekannt, wenn z.B. in den Relationen lediglich komplexe Attribute eines einzigen Anwendungsobjekttypes oder verschiedene Relationen Objekttypen repräsentieren, die in einer Is-a-Beziehung stehen.

Die Darstellung von Is-a-Beziehungen und Objekten, die aus mehreren Komponenten zusammengesetzt sind, über Schlüsselattribute macht nach HEUER (1992, S. 113) die Formulierung von Abfragen durch den Benutzer somit wesentlich komplizierter.

2.4.4 Weitere Probleme

Zu den Update-Operationen führt HEUER (1992, S. 127 ff.) aus, daß durch Tupelorientierung, Angewiesenheit auf explizite Integritätsbedingungen, Identifikation der Objekte über sichtbare Schlüssel und fehlende Möglichkeiten zur Definition objektspezifischer Updates Probleme bei der Änderung des in einer Datenbank gespeicherten Datenbestandes bestehen, sofern Anwendungsobjekte jeweils auf mehrere Relationen einer Datenbank verteilt worden sind. Die Probleme bestehen, weil die Update-Operationen des Relationenmodells grundsätzlich nur zur Veränderung der in einer einzigen Relation gespeicherten Tupel geeignet sind und die über mehrere Relationen verteilt gespeicherten Anwendungsobjekte nicht durch einen einzigen Suchbegriff direkt angesprochen werden können.

Da die Identifikation der Anwendungsobjekte demnach über die Identifikationsschlüssel erfolgen muß, kann nach HEUER (1992, S. 129) ein weiteres Problem auftreten, wenn die Identifikationsschlüssel benutzersichtbar sind und ihre Werte durch den Benutzer geändert werden können. Eine Repräsentation der Anwendungsobjekte durch eine nicht benutzersichtbare Objektidentität, die nicht veränderbar ist, ist nach HEUER besser geeignet, aber in herkömmlichen relationalen Datenbanksystemen nicht verfügbar.

3 Objektorientierte Datenbanksysteme

Die Ausführungen im vorhergehenden Kapitel haben gezeigt, daß das Relationenmodell nur mit Einschränkungen für Anwendungen mit komplexen Objektstrukturen geeignet ist. Nach LAUSEN und VOSSEN (1996, S. 23 ff.) werden von objektorientierten Datenbanksystemen die nachfolgend aufgeführten Funktionen erwartet:

- Bei der Modellierung der Entitäten können beliebig verschachtelte Strukturen genutzt werden, wobei diese sich auch gegenseitig referenzieren bzw. als Spezialisierungen anderer Strukturen eingeführt werden können.

- Den Entitäten kann ein spezifisches Verhalten, welches bestimmte Operationen allein an diese Entitäten bindet, zugeordnet werden.

- Die Struktur und das Verhalten der Entitäten können in hierarchischer Weise vererbt werden.

- Abgeschlossene Struktur- und Verhaltensdefinitionen sind in einem logischen Sinn erweiterbar, um auch im Nachhinein neue Attribute und Operationen definieren und zur bereits existierenden Menge hinzufügen zu können.

- Die Identifikation der Anwendungsobjekte erfolgt unabhängig von den Werten der Schlüsselattribute durch eine vom Datenbanksystem geführte Objekt-Identität.

- Die Daten-Definition, Daten-Manipulation, Daten-Verwaltung, Betriebssystem-Schnittstelle und die Anwendungsprogrammierung erfolgen über eine einheitliche Sprache.

Die Anforderungen an objektorientierte Datenbanksysteme resultieren aus der objektorientierten Modellierung, die den mit objektorientierten Programmiersprachen erstellten Anwendungen zugrunde liegt. Zum Verständnis der von LAUSEN und VOSSEN formulierten Erwartungen an objektorientierte Datenbanksysteme werden zunächst die Prinzipien der Modellierung in objektorientierten Programmiersprachen dargelegt, um dann die Konzepte objektorientierter Datenbanksysteme hinsichtlich der Umsetzung der formulierten Erwartungen zu betrachten.

3.1 Prinzipien der objektorientierten Programmiersprachen

3.1.1 Klassen, Typen, Methoden

Nach HEUER (1992, S. 195 ff.) wird in objektorientierten Programmiersprachen eine Modularisierung der gesamten Software nach Objekten vorgenommen. Die Objekte können erzeugt und initialisiert werden und besitzen dann *Attribute* für die Datenstruktur und *Methoden* für die Funktionen, die auf der definierten Datenstruktur ausführbar sind.

HEUER (1992, S. 195) definiert eine *Klasse* als eine Menge von Objekten mit gleichen Attributen und Methoden. In der *Definition der Klasse* wird die nach außen sichtbare Schnittstelle der Attribute und Methoden dargestellt. Der im Beispiel in Kapitel 2 eingeführte Entitytyp TEIL kann nach der vorstehenden Definition als Klasse verstanden werden. Die Klasse TEIL besitzt dann die Attribute 'TNr' und 'T-Bez'. Wenn die Eigenschaften der Klasse TEIL um ein Attribut 'Bestand' erweitert werden, kann in der Klasse eine Methode 'Ausgabe des aktuellen Bestandes' implementiert werden, die über die zugehörige Schnittstelle aufgerufen werden kann und den aktuellen Bestand des betreffenden Teils bekanntgibt. Die Entitytypen OBERTEIL und UNTERTEIL sind als speziellere Typen des Entitytyps TEIL eingeführt worden und können daher als *Unterklassen* der *Oberklasse* TEIL verstanden werden.

Eine Klasse wird nach HEUER (1992, S. 197) auch als Objektfabrik bezeichnet, in der während der Laufzeit beliebig viele Objekte hergestellt werden können, die jeweils Attributwerte und Methoden besitzen. Diese Objekte werden nach LAUSEN und VOSSEN (1996, S. 26) auch als *Instanzen* einer Klasse bezeichnet.

Der *Objekttyp* stellt nach Heuer (1992, S. 195) die Attribute und die Funktionen einer Klasse dar. Attribute und Methoden werden als *Komponenten eines Objekttyps* bezeichnet.

Für jede Klasse wird festgelegt, was von den Attributen und Methoden eines Objekttypes für den Benutzer sichtbar ist. Dieser Vorgang wird nach HEUER (1992, S. 195 ff.) *Einkapselung* genannt. Dabei wird meistens nur eine Schnittstelle für den Zugriff auf die Attribute und die Methoden angeboten. Die Implementierung der Attribute und der Methoden, die bei Attributen den Aufbau der Datenstruktur und bei den Methoden die programmtechnische Realisierung der Funktion beinhaltet, bleibt aber verborgen. Wenn wie in Abb. 5 nur noch die Schnittstellen zu den Methoden und keine Attribute eines Objekttyps für den Benutzer sichtbar sind, wird dies als volle Einkapselung bezeichnet.

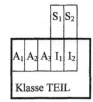

Legende: $A_{1,2,3}$ = Attribute der Klasse TEIL
$S_{1,2}$ = Schnittstellen zum Aufruf der Methoden
$I_{1,2}$ = Implementierungen der Methoden

Abb. 5. Darstellung einer Klasse in Smalltalk mit Attributen, Methoden und deren voller Einkapselung aus HEUER (1992, S. 197)

Nach HEUER (1992, S. 197) gibt es in den meisten objektorientierten Programmiersprachen Methoden, um Objekte zu erzeugen und zu löschen. Die Erzeugung und Initialisierung von Objekten wird durch den *Konstruktor* und das Löschen von Objekten wird durch den *Destruktor* übernommen. Bei der Initialisierung wird den Attributwerten ein definierter Wert zugewiesen. Die Gesamtheit der Attributwerte eines Objektes wird nach HEUER (1992, S. 198) auch der *Zustand* des Objektes genannt.

3.1.2 Vererbung, Typ- und Klassenhierarchien

Nach HEUER (1992, S. 203) wird der Mechanismus der Weitergabe von Attributen und Methoden, die von Oberklassen an speziellere Klassen erfolgt, *Vererbung* genannt.

Die Vererbung wird nach HEUER (1992, S. 203 ff.) durch die *Typhierarchie* und die *Klassenhierarchie* gesteuert. Im Gegensatz dazu werden die aus dem ERM bekannte Spezialisierung und die Is-a-Hierarchie als Integritätsbedingung definiert, um auszudrücken, daß die Objekte der spezielleren Klassen Spezialfälle der Objekte in der allgemeinen Klasse sind.

Unter Typhierarchie wird nach HEUER (1992, S. 204) verstanden, daß alle Attribute und Methoden des Obertyps ebenfalls auf die Objekte des Untertyps angewendet werden können. Objekte des Untertyps verhalten sich dann wie ein Objekt des Obertyps und können auch an Stelle eines Objekts des Obertyps eingesetzt werden. Durch die Typhierarchie wird somit gewährleistet, daß die Objekte des Untertyps mindestens die Attribute und Methoden des Obertyps anwenden können und damit die Vererbung von Verhalten gesteuert wird. Nach KEMPER und EICKLER (1996, S. 330) wird dadurch die Flexibilität des Modells wesentlich erhöht.

Unter Klassenhierarchie wird nach HEUER (1992, S. 205 ff.) im Bereich der objektorientierten Programmiersprachen verstanden, daß die Implementierungsumgebung der Oberklasse, in der die Darstellung der Attribute und der Methoden erfolgt, in der Unterklasse weiterverwendet werden kann. Die Unterklasse wird dabei mit Hilfe der Datenstrukturen für Attribute und der Implementierungen von Methoden aus der Oberklasse eingerichtet.

Für das Beispiel der Teilestruktur sind in Abb. 6 die Is-a-, die Typ- und die Klassenhierarchie in einer einzigen Hierarchie dargestellt. Der Grund hierfür liegt in der Einfachheit des Beispiels, in dem alle Attribute und Methoden der Oberklasse TEIL in gleicher Weise auf die beiden Unterklassen OBERTEIL und UNTERTEIL angewendet werden können und die Implementierungsumgebung der Oberklasse TEIL unverändert in die Unterklassen OBERTEIL und UNTERTEIL übernommen wird.

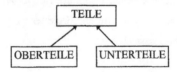

Abb. 6. Is-a-, Typ- und Klassenhierarchie einer Teilestruktur

Nach KEMPER und EICKLER (1996, S. 340 ff.) wird bei der Vererbung unterschieden zwischen *Einfachvererbung* und *Mehrfachvererbung*. Bei der Einfachvererbung hat jeder Objekttyp - wie in Abb. 6 - höchstens einen Obertyp, dessen Eigenschaften er in Form der Attribute und der Methoden erbt. Bei der Mehrfachvererbung kann ein Objekttyp die Eigenschaften mehrerer direkter Obertypen erben. Dabei können nach KEMPER und EICKLER (1996, S. 340) Vererbungskonflikte auftreten, wenn z.b. eine von den direkten Oberklassen geerbte Methode in den Oberklassen dieselbe Bezeichnung, aber unterschiedliche Ergebnistypen hat. Das Problem, welche der Obertypenmethoden dem erbenden Untertyp zugeordnet werden soll, wird in vielen Systemen durch eine Prioritätenregel gelöst, in der festgelegt wird, welche Eigenschaft in einem Vererbungskonfliktfall tatsächlich geerbt wird.

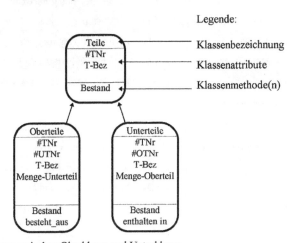

Abb. 7. Einfachvererbung zwischen Oberklasse und Unterklasse

Eine Klasse kann eine ererbte Methode durch Überschreiben oder Redefinieren in ihren eigenen Besitz bringen. Nach HEUER (1992, S. 207) wird dieser Vorgang *Overriding* genannt. Der Name der Methode wird bei diesem Vorgang beibehalten und kommt dann mehrfach vor. Das Overriding wird differenziert in *Ersetzung* und *Verfeinerung*. Bei der Ersetzung wird die bisherige Implementierung ganz durch eine neue Implementierung ersetzt. Bei der Verfeinerung wird die Implementierung einer Methode nur etwas verändert. Das Overriding erfordert spezielle Vorkehrungen während der Übersetzungs- und Bindezeit der Programme, auf die im nachfolgenden Kapitel eingegangen wird.

3.1.3 Polymorphismus und dynamisches Binden

Unter *Polymorphismus* wird nach HEUER (1992, S. 211) verstanden, daß ein Konzept - wie z.B. eine Methode - viele unterschiedliche Formen annehmen kann. Dadurch kann z.b. eine Methode auf Objekte unterschiedlicher Klassen oder Objekttypen angewendet werden, sofern eine Anpassung der Implementierung der Methode an die Besonderheiten des Untertyps notwendig ist.

Die Anpassung der Implementierung einer Methode für Objekte unterschiedlicher Klassen oder Objekttypen wird nach KEMPER und EICKLER (1996, S. 336) durch Verfeinerung bzw. Spezialisierung der geerbten Methode vorgenommen. Die Verfeinerung bzw. Spezialisierung einer Methode wird lt. vorstehender Ziffer 3.1.2 als Overriding bezeichnet. Die Verfeinerung bzw. Spezialisierung einer Methode muß nach KEMPER und EICKLER (1996, S. 337) bei der Ausführung zur Laufzeit beachtet werden. Dabei wird abhängig vom jeweiligen Empfängerobjekt, auf dem die Methode ausgeführt werden soll, die für die betreffende Klasse bzw. den betreffenden Objekttypen verfeinerte Methode gebunden. Dies wird durch das *dynamische Binden* der verfeinerten Methode erreicht.

Nach HEUER (1992, S. 212) besteht auch die Möglichkeit, die Implementierung einer Methode völlig zu ersetzen, um eine Methode für Objekte unterschiedlicher Klassen oder Objekttypen anwenden zu können. Auch die völlige Ersetzung der Implementierung einer Methode wird nach vorstehender Ziffer 3.1.2 als Overriding bezeichnet und bedingt zur Laufzeit die richtige Auswahl der Position in der Klassenhierarchie und des Objekttyps, auf dem die Methode ausgeführt werden soll.

3.1.4 Metaklassen

Unter einer Metaklasse wird nach HEUER (1992, S. 215 ff.) eine Klasse verstanden, der eine oder mehrere Klassen als Objekte angehören und die sich auf einer höheren Ebene, der sogenannten Metaebene, befindet. Je nach Konzept kann es dabei eine oder mehrere Metaklassen geben. In einer Metaklasse können für eine Klasse ein oder mehrere Attribute mit einem vorgegebenen Wert definiert werden, die dann für alle Objekte der in der Metaklasse angegebenen Klasse gelten und bei den einzelnen Objekten der in der Metaklasse angegebenen Klasse nicht mehr geändert werden können. So kann z.B. für die Klasse UNTERTEIL das Attribut 'Menge-Oberteil' mit dem Wert '1' belegt werden, weil jedem bei dem betreffenden Unterteil genannten Oberteil die allein richtige Oberteilmenge '1' zuzuordnen ist.

Wird eine *globale Metaklasse* eingeführt, die alle Klassen der Anwendung als Objekte beinhalten kann und denen dort dann Attribute mit Werten zugeordnet werden, müssen für jede
Klasse alle insgesamt vorhandenen Attribute definiert werden, obwohl sie in den meisten Klassen nicht anwendbar sind. Diese Darstellung wird leicht unübersichtlich und hat nach HEUER
(1992, S. 216) den Nachteil, daß Attribute, die nicht in allen Klassen gemeinsam vorhanden
sind, nur sehr beschränkt dargestellt werden können.

Wird *je Klasse eine Metaklasse* eingerichtet, so können je Klasse die notwendigen Klassenattribute definiert werden. Die Darstellbarkeit von Klassenattributen, die in mehreren Klassen
gemeinsam vorkommen, ist dann nicht mehr gegeben.

Die Verwaltung der Metaklassen kann nach HEUER (1992, S. 217 ff.) implizit durch das System, das dann festlegt, ob eine oder mehrere Metaklassen oder gar eine Metaklassenhierachie
verfügbar sind, oder explizit durch den Benutzer erfolgen.

3.2 Konzepte objektorientierter Datenbanksysteme

Unter *objektorientierten Datenbankmodellen* versteht HEUER (1992, S. 275) eine Synthese
von herkömmlichen - z.B. relationalen - und semantischen Datenbankmodellen sowie objektorientierten Systemen. Eine Grundlage für die Definition des Begriffes 'objektorientierte Datenmodelle' bietet das MANIFESTO von ATKINSON, DEWITT, MAIER, BANCILHORN,
DITTRICH und ZDONIK (1990, S. 223 - 239), in dem nach HEUER aus den Bereichen Datenbanken und objektorientierte Programmiersprachen Kriterien für objektorientierte Datenbanksysteme zusammengestellt und in die Kriterien 'unbedingt notwendig', 'optional' und 'offene'
eingeteilt werden, wobei optionale Kriterien zu einer Verbesserung des Systems und offene
Kriterien zu keiner Verbesserung des Systems führen. Eine formale Definition dieser Kriterien
wird im MANIFESTO nicht vorgenommen. Ein formaler Entwurf eines objektorientierten
Datenbankmodells wird nach HEUER (1992, S. 276) von BEERI (1989, 1990) vorgestellt. Das
Modell von BEERI besteht nach HEUER aus einem Strukturteil, einem Operationenteil und höheren Konstrukten. Nachfolgend werden die Konzepte objektorientierter Datenbanksysteme
nach dem Schema des von BEERI aufgestellten Modells dargestellt.

3.2.1 Struktur der objektorientierten Datenmodellierung

Der Strukturteil eines objektorientierten Datenmodells beschreibt nach HEUER (1992, S. 277) die feststehenden Merkmale der Objekte aus der zu modellierenden Anwendung und die Beziehungen der Objekte untereinander.

3.2.1.1 Typkonstruktoren und komplexe Objekte

Die im ERM eingeführten Typkonstruktoren Aggregation und Gruppierung haben nach HEUER (1992, S. 278) auch im objektorientierten Datenmodell eine wichtige Bedeutung.

Die Aggregation erhält die Bezeichnung *Tupelkonstruktor* und wird mit dem Wortkürzel TU-PEL OF versehen. Mit dem Tupelkonstruktor werden nach HEUER (1992, S. 279) mehrere Komponenten unterschiedlicher Typen zu einem neuen Typ zusammengefaßt. Eine Instanz des neu konstruierten Typs ist ein Tupel, das aus Instanzen der zugrundeliegenden Typen, die als Komponententypen bezeichnet werden, besteht.

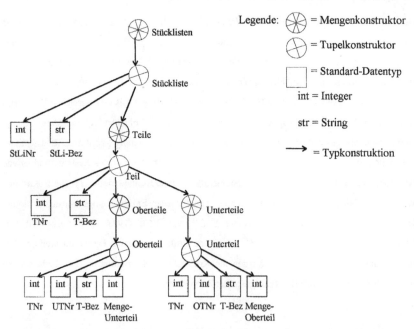

Abb. 8. Darstellung des Objekttyps STÜCKLISTEN mit Typkonstruktoren (ähnlich HEUER, 1992, S. 280 ff.)

In vorstehender Abb. 8 ist der Objekttyp STÜCKLISTEN in Anlehnung an HEUER (1992, S. 279 ff.) dargestellt. Der nachfolgend textlich dargestellte Objekttyp STÜCKLISTEN ist eine Menge von Tupeln, bei denen einige Komponenten der Tupel wiederum durch Typkonstruktoren definiert werden:

```
SET OF(TUPEL OF  (StLiNr: INTEGER,
                  StLi-Bez: STRING,
                  Teile: TUPEL OF
                         (TNr: INTEGER,
                          T-Bez: STRING,
                          Oberteile: TUPEL OF
                                     (TNr: INTEGER,
                                      UTNr: INTEGER,
                                      T-Bez: STRING,
                                      Menge-Unterteil: INTEGER),
                          Unterteile: TUPEL OF
                                      (TNr: INTEGER,
                                       OTNr: INTEGER,
                                       T-Bez: STRING,
                                       Menge-Oberteil: INTEGER))) .
```

Die Gruppierung erhält die Bezeichnung *Mengenkonstruktor* und wird mit dem Wortkürzel SET OF versehen. Mit dem Mengenkonstruktor wird nach HEUER (1992, S. 279) aus mehreren Elementen eines zugrundeliegenden Typs ein neuer Typ erzeugt. Eine Instanz des neuen Typs besteht aus einer Menge von Instanzen des zugrundeliegenden Typs, der als Elementtyp bezeichnet wird. Eine Menge kann nach HEUER keine Elemente mehrfach beinhalten und auch keine Ordnung unter den Elementen herstellen.

HEUER (1992, S. 279) fordert in Anlehnung an das MANIFESTO von ATKINSON, DEWITT, MAIER, BANCILHORN, DITTRICH und ZDONIK (1990, S. 223 - 239) neben dem Mengenkonstruktor noch einen *Listenkonstruktor*, mit dem eine Menge erzeugt werden kann, die als Liste bezeichnet wird. Der Listenkonstruktor wird mit dem Wortkürzel LIST OF versehen. Eine Liste kann Elemente mehrfach beinhalten und eine Ordnung unter den Elementen herstellen. HEUER bezeichnet die Funktionalität des Listenkonstruktors für objektorientierte Datenmodelle als wichtig, da mit dem Tupel- und dem Mengenkonstruktor alleine Listen nur sehr umständlich nachgebildet werden können.

Mit den drei vorstehend beschriebenen Typkonstruktoren besteht nach HEUER (1992, S. 282) die Möglichkeit, aus einfachen Datenbankobjekten - wie elementaren Integer-Werten und Strings - komplexe Datenbankobjekte zu konstruieren.

STONEBREAKER (1996, S. 49 ff.) definiert den Tupel- und den Mengenkonstruktor ebenfalls als grundlegende Typkonstruktoren. Der Listenkonstruktor wird von STONEBREAKER (1996, S. 65 ff.) neben Stapel-, Schlangen- und Arraykonstruktor nur für bestimmte Anwendungen als zweckmäßig eingestuft. Als weiteren Basis-Typkonstruktor nennt STONEBREAKER (1996, S. 51 ff.) hingegen den Zeiger auf Tupel, Mengen oder einfache Datentypen, um andere Objekte aus einem komplexen Objekt heraus einfach referenzieren zu können.

Im MANIFESTO (ATKINSON, DEWITT, MAIER, BANCILHORN, DITTRICH und ZDONIK, 1990, S. 223 - 239) werden nach Heuer (1992, S. 282) desweiteren die beliebige Anwendbarkeit der Typkonstruktoren auf Objekte sowie Operationen auf den mit den Typkonstruktoren erstellten komplexen Objekten gefordert. Nach LAUSEN, VOSSEN (1996, S. 28) muß es insbesondere möglich sein, auf ganzen Objekten oder auf Teilen eines Objektes zu operieren.

3.2.1.2 Objektidentität

Nach HEUER (1992, S. 288 ff.) ergibt sich die Notwendigkeit für eine Trennung des in der Datenbank dargestellten Objektes von seinen Werten aus einigen der Schwächen des Relationenmodells, die unter den vorstehenden Ziffern 2.4.1, 2.4.3 und 2.2.4 dargelegt worden sind. Insbesondere sind hier die Problematik der Update-Operationen, bei denen nicht unterschieden werden kann, ob eine Änderung des Schlüsselattributwertes oder des Anwendungsobjektes erfolgt, die Darstellung von Objekten mit gleichen Zuständen, wenn keine künstlichen Schlüssel verwendet werden, sowie die Abfrage von komplexen Objekten zu nennen.

Eine systemunterstützte Identität, durch die jedem Objekt ein eindeutiger Identifikator zugeordnet wird und die während der gesamten Lebensdauer des Objektes unverändert bleibt, unterscheidet sich nach LAUSEN und VOSSEN (1996, S. 30) von künstlichen Schlüsseln, die eine vergleichbare Funktion wie eine Objektidentität haben können, dadurch, daß die Objektidentität systemseitig bereitgestellt wird und nicht vom Benutzer generiert und gepflegt werden muß. Nach KEMPER und EICKLER (1996, S. 319) trägt das Datenbanksystem auch dafür Sorge, daß eine einmal vergebene Objektidentität eines Objekts, das zu einem späteren Zeitpunkt gelöscht wurde, nie wieder verwendet wird und somit eindeutig bleibt.

Die Realisierung einer Objektidentität kann nach HEUER (1992, S. 289 ff.) zum einen konventionell in Anlehnung an die Programmiersprachen durch *direkte physische Adressen* (Zeigerkonzept) oder durch *Namen* in einem benutzerdefinierten Namensraum erfolgen. Zum anderen gibt es die neueren Techniken, die Objektidentität durch *Identifier-Attribute* oder durch *abstrakte Objekte* realisieren. Die konventionelle Methode der Erzeugung der Objekt-identität durch direkte physische Adressen hat nach HEUER (1992, S. 296) den Nachteil, daß das Objekt an einen physischen Speicherplatz gebunden ist und hierdurch die Trennung der internen von der konzeptuellen Ebene nicht mehr gegeben ist. Bei der Realisierung der Objekt-identität durch Namen besteht nach HEUER (1992, S. 296) die Problematik, daß der Test auf Identität von Objekten kein eindeutiges Ergebnis liefert, weil verschiedene Namen das gleiche Objekt bezeichnen können. Bei der Realisierung der Objektidentität durch Identifier-Attribute ist zu beachten, daß diese nicht wie normale Attribute behandelt werden dürfen und deshalb die Definition einer entsprechenden Klasse nach HEUER (1992, S. 296) sehr unnatürlich wirkt. Die Verwendung abstrakter Objekte, die nach HEUER auf BEERI (1989, 1990) beruht, für die Realisierung der Objektidentität ist demgegenüber für die Zuordnung von Objektzuständen besser geeignet.

Für das Beispiel der auf einer Teilestruktur aufbauenden Stückliste werden für die Objekttypen disjunkte abstrakte Domänen für die Realisierung der Objektidentität eingeführt, und zwar α_i für STÜCKLISTEN und β_i für TEILE, wobei jeweils gilt: i = 1, 2, ..., n. Die Objektidentität für OBERTEILE und UNTERTEILE braucht nicht explizit eingeführt zu werden, da OBER-TEILE und UNTERTEILE Unterklassen der Klasse TEILE sind und daher die Objektidentität β_i der Oberklasse TEILE durch Vererbung verwendet wird. Jedes Element einer abstrakten Domäne wird als ein abstraktes Objekt verstanden, das die Objektidentität eines Objektes dar-stellt. In der nachfolgenden Tab. 2 wird ein Ausschnitt der Information aus der Stückliste mit abstrakten Objekten und getrenntem Zustandstyp in Anlehnung an HEUER (1992, S. 294) dar-gestellt:

Stücklisten	StLiNr	StLi-Bez	Teile
α_1	1	Stückliste 1	β_1 $\beta...$ β_n

Tab. 2. Stücklisten-Information mit abstrakten Objekten und getrenntem Zustandstyp

3.2.1.3 Klassen und Typen

NACH LAUSEN, VOSSEN (1996, S. 30) bilden *Typ* und *Klasse* auf einer abstrakten Ebene die Unterscheidung zwischen einem *Wert* und einem *Objekt* nach. Der Typ ist dabei eine feste Be-schreibung einer Menge von Werten, die auch komplex sein können. Durch den Typ wird le-diglich der strukturelle Teil der Klasse beschrieben. Die Klasse kapselt nach LAUSEN und

VOSSEN (1996, S. 31) hingegen Struktur und spezifisches Verhalten der ihr während der Laufzeit zugeordneten Objekte.

Unter Verwendung von Klassen und Typen gibt es nach HEUER (1992, S. 300 ff.), der sich auf das MANIFESTO von ATKINSON, DEWITT, MAIER, BANCILHORN, DITTRICH UND ZDONIK (1990, S. 223 - 239) bezieht, für die Definition eines *Datenbankschemas zur Spezifikation von Objekttypen* die Möglichkeit, entweder ein typ-basiertes Schema, ein klassen-typ-basiertes Schema oder ein klassen-basiertes Schema zugrunde zu legen.

Beim typ-basierten Schema werden die möglichen Instanzen durch einen komplexen Typ festgelegt, wobei der komplexe Typ im Datenbankbereich nach HEUER (1992, S. 300) meistens eine Menge von Tupeln ist.

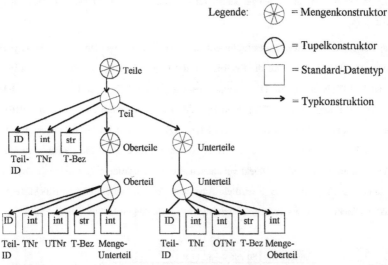

Abb. 9. Typ-basierte Darstellung des Objekttyps TEILE (ähnlich HEUER, 1992, S. 306)

Im klassen-typ-basierten Schema werden die zusammengehörigen Objekte nach HEUER (1992, S. 300) in einer Objektmenge gesammelt. Jedem Objekt wird ein Wert, die Instanz eines Typs, zugeordnet. Die Definition eines Schemas für einen Objekttyp erfolgt dann durch die Angabe einer Klasse, aus der Objekte einer bestimmten Art erzeugt und in einer Objektmenge, der Instanz der Klasse, zusammengefaßt werden können, und eines Typs für die Zustände dieser Objekte. Der der Klasse zugeordnete Zustandstyp strukturiert nach HEUER (1992, S. 310) die

26

über die Zustandsfunktion den Objekten der Klasse zugeordneten Werte. Sind einer Klasse
mehrere Zustandsfunktionen zugeordnet, werden diese Attribute genannt.

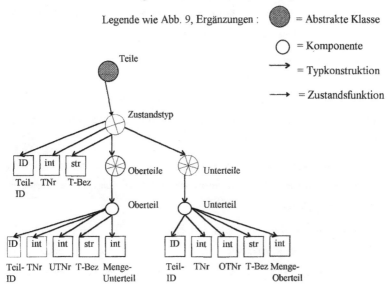

Abb. 10. Darstellung des Objekttyps TEILE klassen-typ-basiert (ähnlich HEUER, 1992, S. 305)

Beim klassen-basierten Schema wird auf die Angabe eines Typs verzichtet. Stattdessen wird
die Klasse mit der zugehörigen Objektmenge in den Vordergrund gestellt. Die Werte oder Objekte, die allen Elementen der Objektmenge zugeordnet werden können, sind in diesem Fall
beliebig.

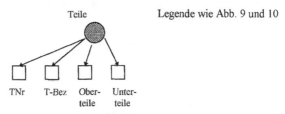

Abb. 11. Klassen-basierte Darstellung des Objekttyps TEILE (ähnlich HEUER, 1992, S. 306)

3.2.1.4 Beziehungen zwischen Klassen

Nach HEUER (1992, S. 310) gibt es grundsätzlich zwei Arten von Beziehungen zwischen Klassen, zum einen die *Beziehung zwischen Klasse und Komponentenklasse*, durch die Objekte und

ihre Komponenten verbunden werden, und zum anderen die *Beziehung zwischen Klasse und Unterklasse*, mit der die Rollen der Objekte bei der Spezialisierung / Generalisierung abgebildet werden. Auf die Klasse-Unterklasse-Beziehung wird in diesem Kapitel nicht weiter eingegangen, da sie bei der Strukturvererbung im nachfolgenden Kapitel betrachtet wird.

Bei der Klasse-Komponentenklasse-Beziehung geht HEUER davon aus, daß die Objekte der Klasse zusammengesetzte Objekte sind, die aus Komponentenobjekten bestehen. So besteht im Beispiel der Teilestruktur ein Objekt des Objekttyps TEIL mit der Bezeichnung 'Baugruppe 1' aus zwei Komponentenobjekten des Objekttyps UNTERTEIL, die die Bezeichnung 'Einzelteil 1' bzw. 'Einzelteil 2' tragen.

Bei den Komponentenobjekten gibt es die nachfolgend beschriebenen Stati, die ausdrücken, welche Beziehung zu dem jeweiligen zusammengesetzten Objekt, von dem das Komponentenobjekt Bestandteil ist, besteht.

Als *gemeinsame* Komponentenobjekte werden nach HEUER (1992, S. 310 ff.) solche Komponentenobjekte bezeichnet, die Komponenten mehrerer Objekte oder unterschiedlicher Klassen sein können. Dürfen Komponentenobjekte nur bei einem Objekt verwendet werden, werden sie als *privat* bezeichnet.

Hängen Komponentenobjekte von der Existenz des sie einhüllenden zusammengesetzten Objektes ab, werden diese Komponentenobjekte nach HEUER (1992, S. 311) als *abhängig* bezeichnet. Besteht diese Abhängigkeit nicht, werden solche Komponentenobjekte als *unabhängig* bezeichnet.

Komponentenobjekte, die nur von ihrem umgebenden Objekt aus sichtbar sind und auf die man nur vom zusammengesetzten Objekt aus zugreifen kann, werden nach HEUER (1992, S. 311) als *eingekapselt* bezeichnet. Sind die Komponentenobjekte direkt von außen sichtbar und zugreifbar, werden sie als *nicht eingekapselt* bezeichnet.

Die nachfolgend dargestellten Beziehungen kommen nach HEUER (1992, S. 317) sehr häufig vor:

Sind die Komponentenobjekte gemeinsam, unabhängig und nicht eingekapselt und wird jedem zusammengesetzten Objekt funktional ein Objekt der Komponentenklasse zugeordnet, so wird eine solche Klasse-Komponenten-Beziehung nach HEUER (1992, S. 314) *Referenz* genannt. Ein Komponentenobjekt kann hingegen in einer Referenz in mehreren zusammengesetzten Objekten vorkommen. Die Referenz entspricht somit einer 1:n-Beziehung aus dem ERM.

Sind die Komponentenobjekte gemeinsam, unabhängig und nicht eingekapselt und wird jedem zusammengesetzten Objekt eine Menge von Objekten der Komponentenklasse und genauso jedem Objekt der Komponentenklasse eine Menge von zusammengesetzten Objekten zugeordnet, so wird eine solche Klasse-Komponenten-Beziehung nach HEUER (1992, S. 314) *Beziehung* oder *Relationship* genannt. Eine Beziehung oder Relationship entspricht einer n:m-Beziehung im ERM.

Sind die Komponentenobjekte privat, abhängig und eingekapselt, werden solche zusammengesetzten Objekte nach HEUER (1992, S. 311) als *strukturierte Objekte* bezeichnet. Bei zusammengesetzten Objekten haben Update- oder Anfrage-Operationen nach HEUER immer eine treppenartige Reihenfolge. Beispielsweise erfolgt nach dem Löschen eines zusammengesetzten Objektes automatisch das Löschen der im zusammengesetzten Objekt eingehüllten Komponentenobjekte.

Die Komponentenobjekte in der im Beispiel beschriebenen Teilestruktur sind nach den vorstehenden Definitionen gemeinsam, unabhängig und nicht eingekapselt. Jedem zusammengesetzten Objekt wird eine Menge von Objekten der Komponentenklasse UNTERTEIL und genauso jedem Objekt der Komponentenklasse eine Menge von zusammengesetzten Objekten der Klasse OBERTEIL zugeordnet. Es liegt somit eine Klasse-Komponenten-Beziehung vor, die als Relationship bezeichnet wird.

3.2.1.5 Strukturvererbung

Die Steuerung der Vererbung von Attributen und Attributwerten zwischen Klassen erfolgt nach HEUER (1992, S. 330) in objektorientierten Datenbanksystemen über die *Strukturhierarchie*. Strukturhierarchie wird von HEUER (1992, S. 319), der sich auf das MANIFESTO von von ATKINSON, DEWITT, MAIER, BANCILHORN, DITTRICH UND ZDONIK (1990, S. 223 - 239) und auf die Ausarbeitungen von BEERI (1989, 1990) bezieht, als Oberbegriff für die *Klassenhierarchie*, die *Typhierarchie* und die *Is-a-Hierarchie* verstanden, da jedes der drei vorgenannten Konzepte die Strukturvererbung steuert.

Die Bedeutung des Begriffes Klassenhierarchie ist im Zusammenhang mit objektorientierten Datenbanksystemen völlig abweichend von der im Bereich der objektorientierten Programmiersprachen gebräuchlichen Bedeutung. Im Bereich der objektorientierten Datenbanksysteme wird nach HEUER (1992, S. 330) unter Klassenhierarchie die Zuordnung von Klassen in Ober- und Unterklassen verstanden. Die Unterklassen umfassen nur einen Teil der Objektmenge ihrer zugehörigen Oberklasse und sind deshalb die spezielleren Klassen. Durch die Klassenhierarchie ist somit nach HEUER (1992, S. 320) die Strukturhierarchie über die Menge der Objekte je Klasse als Integritätsbedingung realisiert.

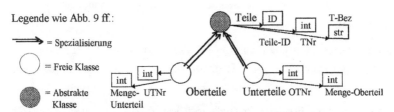

Abb. 12. Zustandstypen aus der Sicht der Klassenhierarchie (ähnlich HEUER, 1992, S. 323)

Unter Typhierarchie wird nach HEUER (1992, S. 330) die Vererbung der Struktur und des Verhaltens einer Klasse verstanden. Die erbende Unterklasse hat eigene Attribute und ist wegen der größeren Anzahl der anwendbaren Attribute spezieller als die zugehörige Oberklasse. Im Vergleich zu den objektorientierten Programmiersprachen, wo nach HEUER (1992, S. 321) meist nur Attribute vererbt werden, wird bei den objektorientierten Datenbanksystemen parallel zur Attributvererbung immer die Wertvererbung durchgeführt.

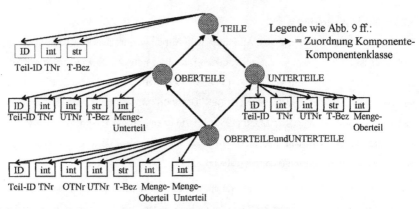

Abb. 13. Zustandstypen aus Sicht der Typhierarchie (ähnlich HEUER, 1992, S. 323)

Nach HEUER (1992, S. 330) werden Klassen- und Typhierarchie als Is-a-Hierarchie bezeichnet, wenn die Klassen- und die Typhierarchie übereinstimmen.

30

Durch Erweiterungen der Hierarchien um die Spezialisierung und die Generalisierung als spezielle Formen der Klassenhierarchie können für Unter- und Oberklassen Wertebereiche festgelegt werden. Bei der Spezialisierung wird nach HEUER (1992, S. 330) der Wertebereich der
Unterklasse als Durchschnitt der Objektmengen der Oberklasse festgelegt. Bei der Generalisierung wird der Wertebereich der Oberklasse durch die Vereinigung der Objektmengen der Unterklasse festgelegt.

3.2.2 Operationen im objektorientierten Datenmodell

Die Beschreibung des Verhaltens von Objekten im objektorientierten Datenmodell erfolgt nach
KEMPER und EICKLER (1996, S. 328) durch Operationen, die den Objekttypen zugeordnet
werden. Somit haben alle Objekte eines Typs das gleiche Verhaltensmuster, das aus der Menge
der dem Objekttyp zugeordneten Operationen besteht.

3.2.2.1 Generische und objektspezifische Operationen

Unter *objektspezifischen Operationen* versteht man nach LAUSEN und VOSSEN (1996, S. 200)
Methoden, die für bestimmte Objekte bzw. Klassen geschrieben wurden, somit das spezifische
Verhalten, mit dem die Objekte bzw. Klassen versehen werden. Als objektspezifische Opera-
tionen für das Beispiel der Teilestruktur ist in der nachfolgenden Abb. 14 eine Update-
Methode zur Änderung des Wertes des Attributs 'T-Bez' und eine Methode zur Anfrage des
aktuellen Wertes des Attributs 'T-Bez' dargestellt.

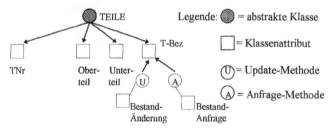

Abb. 14. Klasse TEILE mit zugehöriger Anfrage- und Updatemethode (ähnlich HEUER, 1992,
S. 383)

Unter *generischen* oder *implizit im System enthaltenen Operationen* versteht man nach
LAUSEN, VOSSEN (1996, S. 200) Anfrageoperationen, die - vergleichbar der Relationenalgebra
im Relationenmodell - zum Datenmodell gehören und daher nicht explizit für jede Klasse defi-

niert werden müssen. Generische Anfrageoperationen sollen nach LAUSEN und VOSSEN (1996,
S. 201) mit Objektmengen umgehen können und eine Menge von Objekten als Ergebnis liefern,
da bei der alternativen Lieferung einer Menge von Werten als Ergebnis eine Operation derselben Art nicht unmittelbar angewandt werden. Dadurch wird das Kriterium der Abgeschlossen-
heit verletzt wird.

Die generischen Operationen können nach Heuer (1992, S. 343) eingeteilt werden in Operationen, die die Lage der Klasse innerhalb der Klassenhierarchie verändern, und in Operationen,
die die Lage des Zustandstyps innerhalb der Typhierarchie verändern. Die verschiedenen Arten
generischer Operationen sind in der nachfolgenden Abb. 15 in die Zugehörigkeit zur Typ- bzw.
Klassenhierarchie eingeordnet. Dabei ist jeder generischen Operation in *Kursivschrift* die je-
weilige Operation der Relationenalgebra gegenübergestellt.

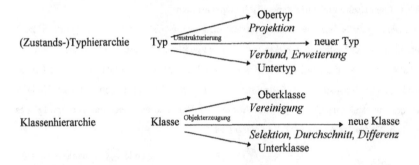

Abb. 15. Klassifizierung generischer Operationen für objektorientierte Datenmodelle nach
HEUER (1992, S. 343).

3.2.2.2 Relationale, objekterzeugende und objekterhaltende Operationen

In *relationalen Operationen* wird nach HEUER (1992, S. 349) auf die Berücksichtigung der
Objektidentität, des Klassenkonzeptes und der Strukturhierarchie verzichtet. Die der Operation
zugrunde liegenden Objekte mit ihren Zuständen werden entsprechend der Darstellung in der
nachfolgenden Tab. 3 als geschachtelte Relationen oder als Menge 'komplexer Werte' angese-
hen, wobei die Objektidentitäten wie normale Werte behandelt werden.

OBERTEILEund- UNTERTEILE	TNr	T-Bez	OTNr	Menge- Oberteil	UTNr	Menge- Unterteil
ε_1	21	Baugruppe 1	11	1	32	3
			12	1	33	6
ε_2	22	Baugruppe 2	12	1	33	8
					34	4

Tab. 3. Geschachtelte Relation zur Klasse 'OBERTEILEundUNTERTEILE'

Auf dieser geschachtelten Relation kann nun nach Heuer (1992, S. 349) mit den bekannten Algebren für geschachtelte Relationenmodelle, auf die hier nicht näher eingegangen werden soll, operiert werden.

Bei *objekterzeugenden Operationen* werden nach LAUSEN und VOSSEN (1996, S. 204) aus gegebenen Klassen-Instanzen neue Mengen von Objekten gebildet. Die Objekte der neuen Ergebnis-Klasse sind durch neue Objektidentitäten gekennzeichnet. Die Ergebnis-Klasse besteht nach LAUSEN und VOSSEN (1996, S. 204) quasi parallel zu allen anderen Klassen und kann deshalb keine Methoden erben, die auf den Ursprungs-Klassen definiert sind.

Nach LAUSEN und VOSSEN (1996, S. 201) bleiben bei objekterhaltenden Operationen die Objektidentitäten der in die Operation eingehenden bzw. der von ihnen verarbeiteten Objekte erhalten. Bei der Einordnung des Anfrageergebnisses einer objekterhaltenden Operation in die gegebene Klassen- bzw. Typhierarchie, um z.B. vorhandene Methoden auf die erhaltenen Objekte anzuwenden, können nach LAUSEN und VOSSEN (1996, S. 201) Schwierigkeiten auftreten, wenn durch die Operation - wie im obenstehenden Beispiel - eine Unterklasse entsteht, die dann neben einer bereits bestehenden Unterklasse steht. Für die neu entstandene Unterklasse muß dann geklärt werden, wo diese in die Typ- und Klassenhierarchie im Verhältnis zu der in die Operation eingegangenen Oberklasse und den bereits bestehenden Unterklassen einzuordnen ist, was nach LAUSEN und VOSSEN zustandsabhängig, aber nicht von vornherein festlegbar ist. HEUER (1992, S. 361 ff.) differenziert die Einordnung der Anfrageergebnisse einer objekterhaltenden Operation in die Typ- und Klassenhierarchie in Abhängigkeit von der Art der ausgeführten algebraischen Funktion. Im Ergebnis kommt HEUER (1992, S. 364) zu der Aussage, daß bei der einander folgenden Anwendung verschiedener objekterhaltender Operationen die Klassen- und die Typhierarchie auseinanderlaufen können; es kann z.B. eine Unterklasse erzeugt werden, im Ergebnis gibt es aber einen Obertyp.

Den Nutzen der objekterhaltenden Operationen begründet HEUER (1992, S. 366 ff.) in der *Definition von Benutzersichten*, der *dynamischen Klassifizierung* und der *dynamischen Einkapselung*. Die Definition von Benutzersichten erfolgt nach HEUER über virtuelle Instanzen, die durch Objektmengen und ihre Zustände aus virtuellen Klassen bestehen. Benutzersichten werden Benutzern zur Verfügung gestellt, die zu den in der Objektbank definierten Klassen keinen rechten Bezug haben. Die dynamische Klassifizierung findet nach HEUER bei Update-Operationen Anwendung, wo durch objekterhaltende Operationen dynamische Klassen berechnet werden, um die Definition von Unter- und Oberklassen und die anschließende explizite Einfügung der upgedateten Objekte in diese Klassen zu vermeiden. Eine dynamische Einkapselung kann nach HEUER z.B. durch eine objekterhaltende Projektion, die dem Benutzer als Sicht zur Verfügung steht, erreicht werden. Anderen Benutzern können dann andere Attribute frei zugänglich zur Verfügung stehen.

3.2.2.3 Generische Update-Operationen

Generische Update-Operationen sind nach HEUER (1992, S. 369ff.) Operationen, die entweder auf Klassen oder auf Objekte wirken und im Gegensatz zu den bisher beschriebenen generischen (Anfrage-)Operationen Veränderungen in Klassen oder bei Objekten ermöglichen.

Mit Updates auf Klassen können neue Objekte erzeugt oder gelöscht und vorhandene Objekte in die Objektmengen anderer Klassen eingefügt oder auch herausgenommen werden. Beim Löschen muß das System nach HEUER (1992, S. 369) kontrollieren, ob das betreffende Objekt in anderen Objektmengen vorkommt. Sofern das zu löschende Objekt in anderen Objektmengen vorkommt, muß das zu löschende Objekt auch aus diesen Mengen herausgenommen werden oder der Löschvorgang abgebrochen werden. Beim Einfügen eines Objektes in die Objektmenge einer anderen Klasse wird nach HEUER (1992, S. 370) vom System geprüft, ob die Domäne (zugelassener Objektvorrat der Objektfabrik) der aufnehmenden Klasse das Einfügen des Objektes zuläßt. Beim Herausnehmen des Objektes aus der Objektmenge einer anderen Klasse verbleibt das betreffende Objekt immer noch in der Klasse, in der es ursprünglich erzeugt wurde.

Nach der Erzeugung eines Objekts oder nach der Einfügung eines Objekts in die Objektmenge einer anderen Klasse kann nach HEUER (1992, S. 370) durch Update-Operationen auf Zuständen das Objekt in seinem Zustand definiert oder später geändert werden. Der Attributtyp, der im Rahmen der Update-Operation anzugeben ist, muß nach HEUER mit dem Attributtyp des zu ändernden Attributes bei Tupel- oder Standard-Datentypen voll übereinstimmen, während bei

Mengen- und Listentypen auch nur Elemente der jeweiligen Menge oder Liste eingefügt oder gelöscht werden.

3.2.3 Metaklassen, Methoden und weitere höhere Konstrukte

HEUER (1992, S. 372 ff.), der sich auf BEERI (1989, 1990) bezieht, versteht unter 'höheren Konstrukten' Elemente aus semantischen Datenmodellen und objektorientierten Programmiersprachen, die in ein objektorientiertes Datenmodell neben den bisher beschriebenen Konzepten noch zu integrieren sind. Dies sind *Metatypen* und *Metaklassen*, die *Definition* und *Vererbung von Methoden*, Konzepte zur *Einkapselung* und zur Definition *abstrakter Datentypen* sowie *Overriding* und *Mehrfachvererbung*.

3.2.3.1 Metaklassen

Entsprechend der Funktionalität in einigen objektorientierten Programmiersprachen wird nach HEUER (1992, S. 373) auch im objektorientierten Datenmodell die Klasse selbst wieder als Objekt aufgefaßt und dann als Objekt einer höheren Metaebene mit dem Begriff *Klassenobjekt* bezeichnet. Ein Klassenobjekt kann eigene Zustände (Attribute) haben, die für alle Objekte der Klasse gelten und so nicht bei jedem Objekt wieder neu definiert werden müssen. Das Konzept der Metaklassen ist nach HEUER (1992, S. 373 ff.) im Anwendungsbereich (z.B. CAD, gemeinsame Eigenschaften gleichartiger Objekte), im Datenbankbereich (Metainformationen über Klassen im Data Dictionary) sowie bei der Erklärung der Semantik von bestimmten Methoden wichtig. Die Erklärung der Semantik von Methoden spielt nach HEUER eine Rolle, wenn Objekten z.B. eine Botschaft CREATE (zum Erzeugen eines neuen Objektes) geschickt wird und der Empfänger der Botschaft ermittelt werden soll. Wenn die Botschaft CREATE an das zugehörige Klassenobjekt geschickt wird, ist verständlich, daß die als Objekt verstandene Klasse als die richtige Empfängerin der Botschaft CREATE ermittelt werden kann.

3.2.3.2 Definition und Vererbung von Methoden

Die Unterscheidung der Methoden wird nach HEUER (1992, S. 377 ff.) wie bei den objektorientierten Programmiersprachen in *Anfrage-Methoden* und *Update-Methoden* vorgenommen.

Die für eine Klasse definierten Anfrage-Methoden sind nach HEUER (1992, S. 377) Funktionen, die den Zustandstyp des aufrufenden Objektes oder einen Teil davon als Definitionsbereich haben. Der Objekttyp, der das Anfrageergebnis beinhaltet, ist nach HEUER beliebig. Bei Anfrage-Methoden wird als Anfrageergebnis ein neuer Wert berechnet, ohne den Zustand des betroffenen Objektes zu ändern. Durch Update-Methoden wird hingegen nach HEUER der Zustand des aufrufenden Objektes verändert.

Die Spezifikation einer Anfrage-Methode in der Klassendefinition erfolgt nach HEUER (1992, S. 378) ähnlich wie die Spezifikation von Attributen als Funktion mit dem Unterschied, daß der Funktionswert eines Attributes sich durch eine Update-Operation ergibt, während der Funktionswert einer Anfragefunktion immer neu berechnet und nicht gespeichert wird. Die Implementierung der Anfragemethode, die die Berechnungsvorschrift beinhaltet, wird nach HEUER als der Wert eines Klassenattributes für das Klassenobjekt betrachtet. Entsprechend erfolgt die Spezifizierung und Implementierung einer Update-Methode, wobei bei der Update-Methode die neu berechneten Funktionswerte der Attribute gespeichert werden.

Die *Veerbung von Methoden* wird nach HEUER (1992, S. 380) über den Mechanismus der Vererbung von Werten zwischen Objekten (Wertvererbung) vorgenommen. Die Wertvererbung ist speziell für die Klassenobjekte erforderlich. Die Wertvererbung wird hierfür nach HEUER (1992, S. 380) so definiert:

Ist K Unterklasse von K', dann erbt das Klassenobjekt von K die Klassenattribute und ihre Werte von K'.

Die Implementierungen von Methoden sind Werte von Klassenattributen. Somit ist durch die vorstehende Definition implizit auch das Vererben von Methoden definiert.

3.2.3.3 Abstrakte Datentypen und Einkapselung

Das unter Ziffer 3.1.1 für die objektorientierten Programmiersprachen eingeführte Konzept der vollen Einkapselung beinhaltet, daß die Attribute und ihre Struktur wie die Implementierungen der Methoden von außen nicht zugänglich sind. Von außen sichtbar ist nur die Schnittstelle der für die Klasse spezifizierten Methoden. Im Gegensatz dazu sieht die Kapselung im objektorientierten Datenmodell nach HEUER (1992, S. 383) nur die Verbergung der Methodenimplementierungen vor. Die Attribute, ihre Struktur und die Schnittstellen der Methoden sind von außen sichtbar.

Die geringere Kapselung im objektorientierten Datenmodell wird nach Heuer (1992, S. 383) für deskriptive Anfragen an die Strukturen genutzt, wenn man sich ohne zu definierende Methoden durch die Strukturen bewegen will und Speicherstrukturen sowie Optimierungsverfahren ausnutzen will. Um unerwünschte Anfrage- und Update-Operationen auf bestimmten Objekttypen zu verhindern, besteht nach HEUER (1992, S. 382) die Möglichkeit, durch den Mechanismus der abstrakten Datentypen (ADT) spezielle Objekttypen zu kennzeichnen, deren Struktur bei allen generischen Anfrage- und Update-Operationen unsichtbar bleiben soll. ADT's sind demnach Klassen, deren Attribute alle privat sind und nur durch speziell definierte Anfrage- und Update-Operationen gelesen und verändert werden können.

Durch die (Ein-)Kapselung wird nach LAUSEN und VOSSEN (1996, S. 36) zum einen erreicht, daß eine Unterscheidung zwischen der Spezifikation und der Implementierung einer Operation möglich ist, und zum anderen, daß durch das Verbergen der Implementierung und der daraus folgenden Abstraktion eine Modularisierung erreicht werden kann. Auf Schema-Ebene bewirkt die *Kapselung*, daß die in einer Klasse spezifizierten Methoden nach außen nur in Form einer Menge von Nachrichtennamen, die der Klasse gesendet werden können, erkennbar sind. Nach dem Empfang einer entsprechenden Nachricht wird dann die der Nachricht zugehörige Methode durch die Klasse ausgeführt. Eine Folge der Kapselung der Methodenimplementierungen ist die logische Datenunabhängigkeit, da dadurch die Implementierung einer Methode verändert werden kann, ohne daß die nach außen sichtbare Schnittstelle der Methode geändert werden muß.

3.2.3.4 Overriding und Mehrfachvererbung

Der im Kapitel 3.1.2 für die objektorientierten Programmiersprachen eingeführte Begriff des *Overriding*, der das Überschreiben oder Redefinieren einer ererbten Methode durch die erbende Klasse beschreibt, wird nach HEUER (1992, S. 384) im objektorientierten Datenmodell als Redefinieren oder Überschreiben von ererbten Attributen und Methoden verstanden, das wie bei den objektorientierten Programmiersprachen durch das Ersetzen oder die Verfeinerung erfolgen kann.

Mehrfachvererbung wird nach HEUER (1992, S. 384) im objektorientierten Datenmodell als das Vorhandensein mehrerer Oberklassen K', K'' für eine Unterklasse K verstanden und stimmt somit mit der im Kapitel 3.1.2 für die objektorientierten Programmiersprachen eingeführten Mehrfachvererbung überein.

3.2.4 Beschreibung des Verhaltens von Objekten und Methoden, Schema Evolution

Die Entwicklung der Datenbankzustände in relationalen Datenbanken wird nach HEUER (1992, S. 389) bis auf die Zustandsübergänge, die durch dynamische Integritätsbedingungen überwacht werden, durch statische Integritätsregeln, welche durch Identifikationsschlüssel und Fremdschlüssel realisiert werden, kontrolliert.

Durch die *Beschreibung des Verhaltens von Objekten und Methoden* kann nach HEUER (1992, S. 389) die Dynamik, die Objekte in objektorientierten Systemen entwickeln, kontrolliert werden. Damit ist die Beschreibung des Verhaltens von Objekten und Methoden den statischen Integritätsbedingungen der relationalen Datenbanken vergleichbar.

Durch die Beschreibung des Verhaltens von Objekten wird nach HEUER spezifiziert, wie sich der Zustand eines bestimmten Objektes von seiner Erzeugung bis zur Löschung verändern darf.

Durch die Beschreibung des Verhaltens von Methoden wird spezifiziert, wie die Ergebnisse der Methode aussehen. Hierbei ist nach HEUER hingegen ein besonderes Augenmerk auf die Beschreibung der Update-Methoden zu legen.

Schema-Evolution beschreibt die Möglichkeit zur Änderung des Datenbank-Schemas im objektorientierten Datenmodell und ist nach HEUER (1992, S. 389) wegen der dynamischen Entwicklung von Objekttypen im Gegensatz zum relationalen Modell ein unverzichtbarer Bestandteil im objektorientierten Datenmodell.

HEUER (1992, S. 391 ff.), der sich auf BANERJEE, CHOU, GARZA, W. KIM, WOELK, BALLOU und H.-J. KIM (1987) bezieht, nimmt die nachfolgend dargestellte Klassifikation von möglichen Schemaänderungen im objektorientierten Datenmodell vor:

- An der Klassendefinition können die Menge der Attribute und die Methoden jeweils durch Hinzufügen, Löschen, Verändern, Namensänderung, Implementierungsänderung oder die Vererbungsstrategie verändert werden.

- In der Klassenhierarchie können neue Klasse-Unterklasse-Beziehungen eingefügt oder bereits bestehende gelöscht werden. Ebenso können die Klassenordnung und gegebenenfalls vorhandene Ableitungsvorschriften für Klasse-Unterklasse-Beziehungen geändert werden.

- Die Menge der Klassen kann durch Hinzufügen und Löschen von Klassen, Namensänderung oder Änderung der Domäne verändert werden.

Durch die in der Schema-Evolution implizit enthaltenen Regeln überprüfen einige objektorientierte Datenbanksysteme nach HEUER (1992, S. 393), ob Änderungen am Schema möglicherweise zu Inkonsistenzen führen.

3.3 Vergleich mit dem Relationenmodell

Der Nutzen des objektorientierten Modells und dessen Umsetzung in objektorientierte Daten-banksysteme ist am Standard für Datenbanksysteme, den das relationale Modell und dessen Umsetzung in relationale Datenbanksysteme gesetzt haben, zu messen.

Die Stärken des Relationenmodells liegen in der einfachen und klaren Konzeption des Struk-turteils, der mathematischen Durchdringung, der minimalen Redundanz der gespeicherten Da-ten bei Einhaltung der Normalformen sowie der impliziten Definition aller notwendigen Anfra-ge- und Update-Funktionen im Operationenteil des Relationenmodells.

Die Integrität des Datenbestandes wird gewährleistet durch die Eindeutigkeit von Identifikati-onsschlüsseln und modellinhärente und modellexterne Konsistenzbedingungen. Zu den modell-inhärenten Konsistenzbedingungen gehört nach GEHRING (1993, KE 2, S. 63, 83) die Regel der referentiellen Integrität, nach der der Fremdschlüssel in einer Sohnrelation R_2 nur Tupel in der Vaterrelation R_1 referenzieren darf, die auch tatsächlich vorhanden sind. Die referentielle Integrität wird gewährleistet durch dynamische Wertebereiche für die Fremdschlüssel und sta-tische Wertebereiche für die Identifikationsschlüssel. Eine weitere modellinhärente Konsistenz-bedingung des relationalen Modells ist die Definition einer zulässigen Domäne (Wertebereich) je Attribut.

Als modellexterne Konsistenzbedingen des relationalen Datenmodells werden nach HEUER (1992, S. 61 ff.) lokale und globale Integritätsbedingungen bezeichnet, die je Relation (lokal) oder relationenübergreifend (global) individuell in Abhängigkeit von der Anwendung explizit formuliert werden müssen.

Operationen, die modellinhärenten und modellexternen Konsistenzbedingen in vollem Umfang genügen und dadurch sicherstellen, daß Inkonsistenzen nicht auftreten, werden nach HEUER (1992, S. 459 ff.) als Transaktionen bezeichnet.

Die vorstehend beschriebenen Konzepte, die mehr oder weniger vollständig in den verfügbaren relationalen Datenbanksystemen enthalten sind, haben zu einer deutlichen Marktführerschaft der relationalen Datenbanksysteme geführt. Die Schwächen des relationalen Datenmodells und der darauf aufbauenden relationalen Datenbanksysteme hinsichtlich der Datenmodellierung, des Datenbankentwurfs, der Abfrage von komplexen Zusammenhängen, bei Update-Operationen über mehrere Relationen und bei der eindeutigen Identifikation von Anwendungsobjekten sind unter obenstehender Ziffer 2.4 näher beschrieben.

Das objektorientierte Datenmodell und die darauf aufbauenden objektorientierten Datenbanken wurden entwickelt, um die beschriebenen strukturellen Schwächen des relationalen Datenmodells zu beseitigen und einen Datenbankentwurf zu ermöglichen, der die in einer objektorientierten Anwendung möglichst genau abgebildeten Sachverhalte der Realwelt ohne einen semantischen Bruch unterstützt und dauerhaft abspeichert.

Die Modellierung von komplexen Werten ist nach HEUER (1992, S. 339 ff.) im objektorientierten Modell durch die vorhandenen Typkonstruktoren ohne Einschränkungen möglich. Die Darstellung von Beziehungen, Is-a-Beziehungen und Komponenten erfolgt im objektorientierten Modell durch die Konzepte Klassen, Komponentenklassen und durch eine Strukturhierarchie. Der Datenbankentwurf kann im objektorientierten Modell mit den vorhandenen Konzepten für Klassen, Typen und Beziehungen zwischen Klassen wesentlich direkter erfolgen als mit den aus Attributen und Abhängigkeiten sehr beschränkt bestehenden Ausdrucksmöglichkeiten des relationalen Modells. Die im relationalen Datenmodell wegen der Tupelorientierung vorhandenen Schwierigkeiten bei Update-Operationen auf Objekten, die über mehrere Relationen verteilt gespeichert sind, bestehen in objektorientierten Datenbanksystemen nicht, da die Objekte immer mit ihren vollständigen Eigenschaften direkt angesprochen und demzufolge auch aktualisiert werden können. Die Gefahr der Änderung der Werte für die jeweiligen Identifikationsschlüssel besteht im objektorientierten Modell wegen der Identifizierung der Objekte über die systemunterstützte Objektidentität nicht, weil diese nicht durch den Benutzer änderbar ist. Durch das Konzept der Objektidentität besteht auch nicht mehr die Notwendigkeit der Formulierung komplizierter Join-Ausdrücke, um ein über verschiedene Relationen verteilt gespeichertes komplexes Objekt wieder zusammenzuführen und als Ergebnis einer Datenbankanfrage herauszugeben, da alle Objekte eindeutig über die Objektidentität identifizierbar sind und direkt abgefragt und als Ergebnis an eine Anwendung herausgegeben werden können.

Die beschriebenen objektorientierten Konzepte und deren Umsetzung in objektorientierten Datenbanksystemen sind somit geeignet, die unter Ziffer 2.4 dargestellten strukturellen Schwächen des relationalen Modells und der darauf aufbauenden relationalen Datenbanksysteme auszuräumen. Mit ihnen können komplexe Objekte angemessen modelliert und ohne Informationsverlust dauerhaft gespeichert werden.

Die Speicherung aller Informationen zu einem Objekt unter einer Objektidentität mit Eigenschaften, die auch komplexer Struktur sein können, zusammen mit den auf den Objekten ausführbaren Methoden widerspricht den Vorstellungen der Normalformlehre aus dem relationalen Datenmodell. Durch die Normalformlehre wird gewährleistet, daß die Redundanz der gespeicherten Daten auf ein Minimum reduziert ist. Da ein vergleichbares Konzept für das objektorientierte Datenmodell nicht besteht, wird die Redundanz gespeicherter Daten im objektorientierten Datenmodell bewußt in Kauf genommen. Die redundante Speicherung von Daten bringt das Problem der Update-Anomalie mit sich, die auftritt, wenn nicht alle redundant gespeicherten Werte eines Attributes (einer Eigenschaft) bei einem Update des Wertes den neuen gültigen Wert erhalten. DATE (1994, S. 678) führt zu der vorstehend beschriebenen Problematik aus, daß eine vom relationalen Modell abweichende Art der Datenspeicherung - wie z.B. im objektorientierten Modell - nicht von der Notwendigkeit befreit, sich um die Einhaltung von Normalformen oder eines entsprechenden Konzeptes zur Reduzierung von redundanten Daten Gedanken zu machen. Diese Gedankenrichtung zur Beherschbarkeit des Problems von Update-Anomalien in objektorientierten Datenbanken wird in der Literatur zu den objektorientierten Datenbanksystemen nicht beschrieben. Das aufgezeigte Problem besteht somit und muß durch aufwendige Überwachungsmechanismen in den objektorientierten Datenbanksystemen, die zu Einbußen in der Performance führen, gelöst werden.

Die Einhaltung der Normalformlehre im relationalen Datenmodell bringt die Aufspaltung der die ursprünglichen Entitäten repräsentierenden Relationen in mehrere Teilrelationen mit sich, die der Normalformlehre entsprechen. Die Beziehungen zwischen den neu entstehenden Relationen werden durch Fremdschlüssel dargestellt, die auf die Identifikationsschlüssel der Relationen verweisen, zu denen eine Beziehung besteht. Nach HEUER (1992, S. 340, 372) sind die durch Fremdschlüssel im relationalen Modell explizit formulierten Integritätsbedingungen in den entsprechenden Konzepten der objektorientierten Datenbanksysteme strukturinhärent enthalten. So kann durch die Beschreibung des Verhaltens von Objekten und Methoden nach HEUER (1992, S. 389) die Dynamik, die Objekte in objektorientierten Systemen entwickeln, kontrolliert werden. Damit ist die Beschreibung des Verhaltens von Objekten und Methoden den statischen Integritätsbedingungen der relationalen Datenbanken vergleichbar. CATTELL (1994, S. 95 ff.) stellt für objektorientierte Datenbanksysteme, die Objektidentität unterstützen, verschiedene Stufen der Gewährleistung von referentieller Integrität vor. Die durch das objektorientierte Datenbanksystem unterstützte referentielle Integrität beschränkt sich nach CATTELL beim Konzept der *reference validation* darauf, daß die referenzierten Objekte auch tatsächlich vorhanden und vom richtigen Typ sind. In dem weitergehenden Konzept der *relationship integrity* können Objekte und Beziehungen zwischen Objekten geändert werden, und das Datenbanksystem gewährleistet automatisch die Richtigkeit aller Beziehungen und Werte über die Sicht aller Objekte. Diese Art der referentiellen Integrität wird nach CATTELL (1994, S. 96) von der Mehrheit der am Markt verfügbaren objektorientierten Datenbanksysteme unterstützt. Nach CATTELL ist somit in objektorientierten Datenbanksystemen eine referentielle Integrität verfügbar, die der im relationalen Modell durch Schlüssel realisierten referentiellen Integrität vergleichbar ist.

Zusammenfassend ist festzustellen, daß bei den objektorientierten Datenbanksystemen durch die dort verwirklichten objektorientierten Konzepte die bei den relationalen Datenbanksystemen bemängelten strukturellen Schwächen nicht vorhanden sind. Auch haben objektorientierte Datenbanksysteme Konzepte, die denen der referentiellen Integrität und der übrigen statischen Integritätsbedingungen in relationalen Datenbanken entsprechen. Eine Schwäche der objektorientierten Datenbanksysteme liegt im Fehlen von Konzepten, die denen der Normalformlehre im relationalen Modell entsprechen, um die redundante Speicherung von Daten und die damit verbundene Problematik der Update-Anomalien auf ein Minimum reduzieren zu können.

4 Integration von objektorientierten Datenmodell und Relationenmodell

Das MANIFESTO von ATKINSON, DEWITT, MAIER, BANCILHORN, DITTRICH UND ZDONIK (1990, S. 223 - 239) beinhaltet nach SIMON (1995, S. 157 ff.) den Grundsatz, daß Datenbanksysteme der dritten Generation, deren Grundlagen im MANIFESTO zusammengetragen werden, die Datenbanksysteme der zweiten Generation, zu denen relationale Datenbanksysteme gehören, unterstützen müssen. Dieser Grundsatz hat sich nach SIMON (1995, S. 157) als treibende Kraft für einen der stärksten Trends des Informationsmanagements, der Vereinigung von relationalen Datenbanksystemen mit objektorientierten Prinzipien und Konstrukten, erwiesen. SIMON (1995, S. 159) unterscheidet bei den Ansätzen zur Vereinigung von relationalen Datenbanksystemen mit objektorientierten Prinzipien und Konstrukten zwischen *hybriden Datenbanksystemen* und *erweiterten relationalen Datenbanksystemen*. Entsprechend der von SIMON vorgenommenen Unterscheidung werden die beiden Ansätze nachfolgend am Beispiel der Teilestruktur dargestellt.

DITTRICH (1990 a, S. 234) spricht bei der Klassifizierung von objektorientierten Datenmodellen von *struktureller Objektorientierung*, wenn ein Konzept für komplexe Objekte mit den dazugehörigen generischen Operationen vorhanden ist. Das Konzept kann um Objektidentität und strukturelle Vererbung erweitert werden. Sofern ein Konzept vorhanden ist, das die Definition neuer Datentypen durch den Benutzer ermöglicht, aber komplexe Objekte nicht vollständig unterstützt, spricht DITTRICH von *verhaltensmäßiger Objektorientierung*. Sind sowohl strukturelle als auch verhaltensmäßige Objektorientierung gegeben, liegt nach DITTRICH (1990 a, S. 234) *volle Objektorientierung* vor. Die Realisierung strukturell objektorientierter Datenbanksysteme erfolgt nach DITTRICH (1990 a, S. 234) durch Überlagerung der Tupel mit einer Objektstruktur, indem die Zusammenhänge zwischen mehreren Tupeln verschiedener Relationen durch Spezialattribute in das System eingeführt werden, oder durch Verzicht auf die erste Normalform, indem ganze Relationen selbst wieder als Attributwerte zugelassen werden.

4.1 Hybride Datenbanksysteme

Die hybriden Datenbanksysteme beinhalten nach SIMON (1995, S. 159) eine relationale Datenbankmaschine, die vergleichbar mit einem herkömmlichen relationalen Datenbanksystem ist, und stellen zusätzlich eine objektorientierte Zwischenschicht zur Verfügung, über die die objektorientierten Anwendungen mit der relationalen Datenbankmaschine so interagieren können, als handele es sich um ein rein objektorientiertes Datenbanksystem.

4.1.1 Implementierung der Übersetzungslogik

Die Zwischenschicht zwischen der objektorientierten Anwendung und dem relationalen Datenbanksystem realisiert das Umsetzen von Objekten in relationale Strukturen und umgekehrt das Wiederzusammenfügen der Objekte aus den im relationalen Datenbanksystem gespeicherten Informationen. Desweiteren werden die von der objektorientierten Anwendung erzeugten Objektanfragen in relationale Datenbankzugriffe, die durch das relationale Datenbanksystem auf herkömmliche Weise bearbeitet und in Form einer relationalen Antwort an die Zwischenschicht zurückgegeben werden, übersetzt. Die Zwischenschicht sorgt dann wieder für die Übersetzung der relationalen Antwort in objektorientierte Strukturen.

Die Implementierung der Übersetzungslogik erfolgt nach LOOMIS (1993, S. 38) in einer Datenbank-Klassenbibliothek, die mit der objektorientierten Sprache erstellt wird, mit der die objektorientierten Anwendungen erstellt werden. Die Datenbank-Klassenbibliothek arbeitet alle Zugriffe einer objektorientierten Anwendung auf das relationale Datenbanksystem ab und beinhaltet Klassen für relationen-, tupel- und zeigerbezogene Methoden. Durch diese Vorgehensweise wird das Zusammenwirken zwischen der objektorientierten Anwendung und der relationalen Datenbank auf eine tieferliegende Ebene des Systems verlegt, so daß dem relationalen Datenbanksystem nach außen ein objektorientierter Anschein verliehen wird. Die in der Datenbank-Klassenbibliothek enthaltenen Dienste für die aus Sicht der objektorientierten Anwendung auch objektbezogene Zusammenarbeit mit der relationalen Datenbank werden durch in die objektorientierte Anwendung integrierte Methoden aufgerufen.

Folgende in C++ geschriebene Methode (ähnlich LOOMIS, 1993, S. 38) ruft den Dienst der Datenbank-Klassenbibliothek zum Einfügen eines neuen Teils mit der Teilenummer '13' und der Teilebezeichnung 'Produkt 3' in die Relation TEIL des Beispiels der Teilestruktur auf:

```
void add_teile(int 13, char* Produkt_3)
{
    // Read table describtion from relational database
    SQLTable teile(SchemaInfo(db,"TEILE"));
    // Fill in mapping
    TEILE["TNr"] = 13;
    TEILE["T-Bez"] = Produkt_3;
    // Insert record in relational database
    teile.insert();
}
```

In dem vorstehenden Beispiel werden die in dem Record stehenden Daten für das Teil an die Methode 'insert', die sich in der Klasse für die tupelbezogenen Methoden in der Datenbank-Klassenbibliothek befindet, übergeben. Die Methode 'insert' bedient sich dann des SQL-Befehls INSERT und fügt die im Methodenaufruf als Parameter mit übergebenen Daten für das neue Teil in die Relation TEIL ein.

Bei Anfragen nach Objekten, die von der Methode 'select' aus der Datenbank-Klassenbibliothek an das relationale Datenbanksystem gerichtet werden, sind als Antwort vom relationalen Datenbanksystem Tupel mit den Informationen über die angefragten Objekte zu erwarten. Zur Weiterverwendung der in den Tupeln über die Objekte enthaltenen Informationen in der objektorientierten Anwendung müssen die Informationen über die Objekte aus den Tupeln in die ursprüngliche objektorientierte Ordnung zurückgeführt werden. Dies kann erreicht werden, in dem die als Antwort erhaltenen Tupel als Array behandelt werden und mit einer iterativen Funktion über das Array die Informationen für jedes individuelle Objekt eingelesen und zusammengefügt werden. Das nachfolgende in C++ geschriebene Beispiel (ähnlich LOOMIS, 1990, S. 73) zeigt den Aufruf der Klasse SQLSelect aus der Datenbank-Klassenbibliothek und die nachfolgende Zuordnung der im Tupel-Array über die Objekte enthaltenen Informationen zu den ursprünglichen Objektinformationen der objektorientierten Anwendung:

```
SQLSelect teileSelect;
teileSelect.prepare ('SELECT TNr, T-Bez FROM TEILE
        WHERE TNr = :21');
SQLTable teile = teileSelect.execute();
        while (!teileSelect.atEnd())
{
    SQLRow einTeil = teile.next();
    int tnr = einTeil[0];
    char* t-bez = einTeil[1];
}
```

Die Klassen SQLSelect, SQLTable und SQLRow beinhalten Methoden, z.B. zur Lagerung der Objekte, zur Übersetzung von Tupeln in Objekte, zum Auslesen der in Relationen enthaltenen Informationen und zur Handhabung von möglichen Fehlerquellen. Die Klassen der objektorientierten Anwendung können durch Implementierung der Methoden zum Aufruf der in den Klassen der Datenbank-Klassenbibliothek enthaltenen Methoden auf Metaklassen-Ebene grundsätzlich die Fähigkeit zur Nutzung des relationalen Datenbanksystems erhalten, ohne daß in jeder Klasse der objektorientierten Anwendung wieder die entsprechenden Aufruf-Methoden implementiert werden müssen.

Die in den Klassen der Datenbank-Klassenbibliothek enthaltenen Methoden werden auf einer unteren Ebene gekapselt. Die Zwischenschicht zwischen der objektorientierten Datenbank und dem relationalen Datenbanksystem arbeitet deshalb für die objektorientierte Anwendung unbemerkt wie ein objektorientiertes Datenbanksystem.

4.1.2 Struktur der Datenspeicherung

Da bei den hybriden Datenbanksystemen die Speicherung der Daten in einem herkömmlichen relationalen Datenbanksystem und somit in flachen Relationen erfolgt, müssen die Attributwerte atomar sein. Komplexe Attributwerte aus dem objektorientierten Datenmodell, die aus verschiedenen Attributen zusammengesetzt sind, können somit nicht in ihrer ursprünglichen Form gespeichert werden. Für die komplexen Attributwerte ist eine Umwandlung, die in der Zwischenschicht umzusetzen ist, in atomare Attributwerte vorzunehmen.

4.1.2.1 Abbildung von Objektklassen in Tabellen

Nach der von RUMBAUGH (1991, S. 375 - 387) dargestellten Vorgehensweise wird jede Klasse in einer oder mehreren Tabellen abgebildet. Die Darstellung der Klassenattribute erfolgt in den Spalten einer Tabelle. Jede Zeile einer Tabelle entspricht einer Instanz der abgebildeten Objektklasse. Die im objektorientierten System für jedes Objekt generierte Objektidentität wird in der ersten Spalte einer jeden Tabelle als nicht veränderliches Attribut abgebildet.

In der nachfolgenden Tab. 4 wird die Klasse TEILE in der Relation TEILE dargestellt. Die Klasse TEILE hat entsprechend Abb. 9 auf Seite 25 die Attribute TNr, T-Bez und die Attribute für die Objektmengen OBERTEILE und UNTERTEILE, aus denen ein Objekt vom Typ TEIL zusammengesetzt ist. Die Attribute der Relation TEILE sind auf TNr und T-Bez reduziert. Die noch fehlenden Attribute für die Objektmengen OBERTEILE und UNTERTEILE werden in einer zusätzlichen Relation gespeichert, die im folgenden Kapitel 4.1.2.2 dargestellt wird. Die implizit von der objektorientierten Anwendung generierte Objektidentität Teil-ID wird zu der Relation als erste Spalte hinzugefügt.

Relation TEILE

Teil-ID	TNr	T-Bez
β_1	11	Produkt 1
β_2	12	Produkt 2
β_3	21	Baugruppe 1
β_4	22	Baugruppe 2
β_5	22	Baugruppe 2
β_6	31	Einzelteil 1
β_7	31	Einzelteil 1
β_8	32	Einzelteil 2
β_9	33	Einzelteil 3
β_{10}	33	Einzelteil 3
β_{11}	33	Einzelteil 3
β_{12}	33	Einzelteil 3
β_{13}	33	Einzelteil 3
β_{14}	34	Einzelteil 4
β_{15}	21	Baugruppe 1

Tab. 4. Relationale Darstellung der Klasse TEILE

In der in Tab. 4 dargestellten Tupelmenge ist nur ein Ausschnitt der möglichen Tupelmenge enthalten. Es können beliebig viele Tupel mit gleichen Attributwerten in der Relation enthalten sein, weil die Unterscheidung der Tupel durch die Objektidentität erfolgt. Es liegt somit ein

Unterschied zu der rein relationalen Darstellung vor, bei der eine Objektidentität nicht gespeichert wird und daher Tupel mit genau gleichen Attributwerten nicht vorkommen können.

4.1.2.2 Abbildung von Beziehungen zwischen Klassen

Die Abbildung einer n:m Beziehungen zwischen zwei Klassen hat nach RUMBAUGH (1991, S. 376 ff.) in einer getrennten Relation zu erfolgen. Die als Beispiel verwendete Teilestruktur besteht entsprechend der Abb. 2 auf Seite 4 aus einer rekursiven n:m-Beziehung zu der Klasse TEILE. Die Auflösung der rekursiven n:m-Beziehung zu der Klasse TEILE führt zur Einführung der Unterklassen OBERTEILE und UNTERTEILE. Die beiden vorgenannten Unterklassen stehen über die Teilestruktur in einer n:m-Beziehung. Diese n:m-Beziehung wird in der in Tab. 5 abgebildeten Relation TEILESTRUKTUR dargestellt. Dort sind die in der Relation TEILE nicht aufgenommenen Attribute für die Objektmengen der Ober- und Unterteile enthalten.

Relation TEILESTRUKTUR

Teil-ID	TNr	OUTeil-ID	OUTNr	Teileart	Menge
β_1	11	β_3	21	Unterteil	2
β_1	11	β_6	31	Unterteil	3
β_2	12	β_{15}	21	Unterteil	1
β_2	12	β_4	22	Unterteil	3
β_2	12	β_9	33	Unterteil	4
β_3	21	β_8	32	Unterteil	3
β_3	21	β_{10}	33	Unterteil	6
β_4	22	β_{11}	33	Unterteil	8
β_4	22	β_{14}	34	Unterteil	4
β_6	31	β_1	11	Oberteil	3
β_8	32	β_3	21	Oberteil	3
β_{10}	33	β_3	21	Oberteil	6
β_{11}	33	β_4	22	Oberteil	8
β_9	33	β_2	12	Oberteil	4
β_{14}	34	β_4	22	Oberteil	4
β_3	21	β_1	11	Oberteil	2
β_{15}	21	β_2	12	Oberteil	1
β_4	22	β_2	12	Oberteil	3

Tab. 5. Konkrete Teilestruktur zur Produktion von einem Produkt 1 und einem Produkt 2

Die in Tab. 5 abgebildete konkrete Teilestruktur zur Produktion von einem Produkt 1 und einem Produkt 2 läßt sich für die Produktion weiterer Produkte 1 bzw. 2 fortschreiben. Die Objektidentitäten der Instanzen der Klasse TEILE, die in der Relation TEILESTRUKTUR als Ober- und Unterteile enthalten sind, werden von der objektorientierten Anwendung im Verlauf der weiteren Produktion automatisch hochgezählt. Die strukturelle Zusammensetzung der Produkte und ihrer Komponenten bleibt im Verlauf der Produktion unverändert, während die konkrete Ausprägung der Objektidentitäten der in die Produkte eingehenden Komponenten sich laufend verändert. Im nachhinein kann so immer nachvollzogen werden, aus welchen konkreten Komponenten sich ein bestimmtes Produkt zusammengesetzt hat.

4.1.2.3 Abbildung von Generalisierungen

Die Abbildung der vorliegenden Einfachvererbung zwischen der Oberklasse TEILE und den Unterklassen OBERTEILE und UNTERTEILE geschieht durch das Speichern jeder Unterklasse in einer eigenen Relation. Die Identität eines Objektes entlang der Vererbung bleibt durch die Nutzung einer geteilten Objektidentität gewahrt. Zu der bereits dargestellten Relation TEILE, die die Oberklasse TEILE abbildet, sind nachfolgend in Tab. 6 die Unterklasse OBERTEILE und in Tab.7 die Unterklasse UNTERTEILE in jeweils einer eigenen Relation dargestellt. Die beiden Relationen enthalten dabei neben der geteilten Objektidentität aus der Relation TEILE nur die im Vergleich zur Relation TEILE zusätzlich existierenden Attribute.

Die Relationen OBERTEILE und UNTERTEILE aus den Tab. 6 und 7 enthalten Teilmengen aus der Relation TEILE, die sich überlappen, da einige Teile sowohl Oberteile als auch Unterteile sind. Bei fortschreitender Produktion erhöhen sich auch die Mengen der in den Relationen OBERTEILE und UNTERTEILE enthaltenen Tupel entsprechend der Zunahme der Tupel in der Relation TEILE, da jedes neue Teil eine eigene Objektidentität erhält.

Relation OBERTEILE

Teil-ID	UTeil-ID	UTNr	Menge-Unterteil
β_1	β_3	21	2
β_1	β_6	31	3
β_2	β_{15}	21	1
β_2	β_4	22	3
β_2	β_9	33	4
β_3	β_8	32	3
β_3	β_{10}	33	6
β_4	β_{11}	33	8
β_4	β_{14}	34	4

Tab. 6. Abbildung der Unterklasse OBERTEILE in einer Relation

Relation UNTERTEILE

Teil-ID	OTeil-ID	OTNr	Menge-Oberteil
β_6	β_1	11	1
β_8	β_3	21	1
β_{10}	β_3	21	1
β_{11}	β_4	22	1
β_9	β_2	12	1
β_{14}	β_4	22	1
β_3	β_1	11	1
β_{15}	β_2	12	1
β_4	β_2	12	1

Tab. 7. Abbildung der Unterklasse UNTERTEILE in einer Relation

4.1.3 Umsetzung der Prinzipien objektorientierter Programmiersprachen

Die Abbildung der Klassen eines objektorientierten Datenmodells erfolgt in einem hybriden Datenbanksystem je Klasse in einer oder mehreren Relationen des dem hybriden Datenbanksystem zugrundeliegenden relationalen Datenbanksystems. Informationsverluste hinsichtlich der Abbildung einer aus dem objektorientierten Datenmodell vorhandenen Klassenstruktur entstehen somit bei der Speicherung der Daten in einem hybriden Datenbankmodell nicht.

Die im objektorientierten Datenmodell vorhandenen Objekttypen können nicht vollständig in dem zugrundeliegenden relationalen Datenbanksystem gespeichert werden, da in den Relationen nur die Attribute der jeweils abgebildeten Klasse gespeichert werden können. Eine Möglichkeit für die Speicherung der auf den Objekten der Klasse ausführbaren Methoden in der zugrundeliegenden relationalen Datenbank besteht wegen der Beschränkung der Datentypen in herkömmlichen relationalen Datenbanksystemen auf Integer, Fließkommazahlen, Strings mit fester und variabler Länge sowie Zeit- und Datumswerte nicht. Die Methoden der Klasse müssen somit in der objektorientierten Zwischenschicht gespeichert werden, da den objektorientierten Anwendungen der Eindruck vermittelt werden soll, als würden sie mit einem vollständig objektorientierten Datenbanksystem arbeiten.

Die Weitergabe von Attributen und Methoden von Oberklassen an speziellere Klassen, die durch die Typ- und die Klassenhierarchie des objektorientierten Datenmodells gesteuert wird, erfolgt ebenfalls in der Zwischenschicht. Das hybride Datenbanksystem speichert die Ergebnisse der strukturellen Vererbung von Attributen dann in der zugrundeliegenden relationalen Datenbank ab. Die Speicherung der von einer Oberklasse an speziellere Klassen vererbten Attribute und deren Werte erfolgt dabei so, daß in jeder Relation nur die mit der entsprechenden Klassendefinition übereinstimmenden Attribute enthalten sind. Mehrfachspeicherungen, die zu unerwünschten Redundanzen und zu Inkonsistenzen führen können, werden dadurch weitestgehend vermieden.

Das Konzept der Metaklassen, bei dem einer Metaklasse eine oder mehrere Klassen als Objekte angehören und in der den angehörigen Klassen ein vorgegebener Wert für ein Attribut zugeordnet werden kann, findet sich nicht direkt im dem hybriden Datenbanksystem zugrundeliegenden relationalen Datenbanksystem wieder, weil das für relationale Datenbanksysteme verfügbare Data Dictionary, das ebenfalls Daten über Daten enthält, kein dem objektorientierten Konzept der Metaklassen entsprechendes Konstrukt ist. Da aber die Attribute der Relationen den Klassenattributen aus dem Datenmodell der objektorientierten Anwendung entsprechen, findet sich die in der/den Metaklasse(n) enthaltene Information - solange sie Attributwerte betrifft, die in Relationen wiedergegeben werden können - in den Attributwerten der Relationen wieder. Sofern in der/den Metaklasse(n) Methoden als Attributwerte enthalten sind, können diese aus den bereits oben beschriebenen Gründen nicht in dem relationalen Datenbanksystem gespeichert werden und müssen durch die objektorientierte Zwischenschicht vorgehalten werden.

Die Speicherung der Objektidentität als nicht veränderliche Attribute im zugrunde liegenden relationalen Datenbanksystem ist möglich. Die gespeicherten Objektidentitäten können auch zur Referenzierung zusammengehöriger Objekte bzw. Objektkomponenten genutzt werden. Die Beibehaltung der in einem herkömmlichen relationalen Datenbanksystem erforderlichen Identifikations- und Fremdschlüssel ist unentbehrlich, wenn das zugrunde liegende relationale Datenbanksystem auch von konventionellen Anwendungen oder für die direkte Anfrage von Informationen genutzt werden soll, weil das relationale Datenbanksystem keine eigene Fähigkeit für die Ausnutzung der gespeicherten Objektidentitäten besitzt. Eine Nutzung der Objektidentitäten als direktes Anfragemerkmal für den Benutzer des relationalen Datenbanksystems ist somit nicht möglich, weil die Objektidentitäten von der objektorientierten Anwendung verwaltet werden und für einen Benutzer keine direkt verwertbaren Informationen darstellen.

Die Speicherung komplexer Daten scheitert an der zwingenden Verwendung atomarer Attributwerte, die sich aus der Verwendung eines herkömmlichen relationalen Datenbanksystems für die dauerhafte Speicherung der Daten ergeben. Sofern komplexe Datenstrukturen im Datenmodell der objektorientierten Anwendung vorhanden sind, müssen diese durch die Zwischenschicht auf elementare Datentypen wie z.B. Integer und String zurückgeführt werden. Durch das Wiederzusammensetzen der komplexen Datenstrukturen bei der Anfrage nach Objekten durch die objektorientierte Anwendung sind aufwendige Verbundoperationen erforderlich.

4.1.4 Bewertung der hybriden Datenbanksysteme

Die Einführung einer objektorientierten Zwischenschicht zwischen objektorientierten Anwendungen und einem relationalen Datenbanksystem ist aus der Notwendigkeit einer dauerhaften Speicherung von Zustandsinformationen über Objekte entstanden. Die dauerhafte Speicherung von Objektzuständen wird als *Persistenz* bezeichnet. Eine Möglichkeit der Speicherung von Informationen sind die vorhandenen relationalen Datenbanksysteme, die die Informationen über die Objekte wegen der nicht kompatiblen Datenstrukturen jedoch nicht direkt speichern können. In den ersten Ansätzen wurde der Übersetzungsmechanismus für die Speicherung von Objektinformationen direkt in den Objektklassen implementiert. Die Abstrahierung der Übersetzungsmechanismen in eigene Klassen, die in einer Datenbank-Klassenbibliothek der verwendeten objektorientierten Programmiersprache zusammengefaßt werden, stellt die Zwischenschicht eines hybriden Datenbanksystems dar.

Mit den hybriden Datenbanksystemen besteht nach PREMERLANI, BLAHA, RUMBAUGH und VARWIG (1990, S. 100) die Möglichkeit, sowohl ein objektorientiertes Interface als auch ein herkömmliches relationales Interface auf derselben Datenbank zur Verfügung zu stellen. Damit kann von objektorientierten Anwendungen im gleichen Umfang wie von konventionellen Anwendungen auf die bereits in der Datenbank gespeicherten Daten zugegriffen werden. Neben der Sicherheit und Ausgereiftheit eines herkömmlichen relationalen Datenbanksystems für die Speicherung wichtiger Daten ist dadurch auch der Investitionsschutz für die bestehenden Anwendungen, die oft noch über Jahre hinweg eingesetzt werden müssen, gewährleistet, auch wenn neuere Anwendungen nach dem objektorientierten Modell erstellt und mit einem entsprechenden Datenbankzugriff unterstützt werden sollen.

Durch die parallele Nutzbarkeit der vorhandenen Datenbasis durch konventionelle Anwendungen und Applikationen, die mit objektorientierten Werkzeugen erstellt wurden, besteht die Möglichkeit eines langsam wachsenden Umstiegs auf die neue objektorientierte Technologie, ohne die Vorzüge der bisherigen konventionellen Anwendungen mit relationaler Datenbanktechnologie aufgeben zu müssen.

Die objektorientierte Zwischenschicht kann entsprechend den Erfordernissen der objektorientierten Anwendungen an die dauerhafte Speicherung objektorientierter Strukturen und Werte modular angepaßt und entwickelt werden. Sie stellt deshalb ein sehr flexibles Mittel zur Erweiterung relationaler Datenbanksysteme um objektorientierte Konzepte dar. Die dauerhafte Speicherung komplexer objektorientierter Strukturen und Funktionen im relationalen Datenbanksystem wird aber - wie oben beschrieben - durch die im relationalen Datenbanksystem zugelassenen Datentypen beschränkt.

Zusammenfassend ist festzustellen, daß die Fähigkeiten der jeweiligen objektorientierten Sprache, mit der die Zwischenschicht zur Verfügung gestellt wird, genutzt werden, um das Verhalten der Datenbankobjekte zu beschreiben. Die komplexe Struktur der Anwendungsobjekte muß jedoch mit den konventionellen Mitteln eines relationalen Datenbanksystems beschrieben werden. Die fehlende Unterstützung von Objektidentität und Speicherung komplexer Attributwerte beschränken die Fähigkeit der hybriden Datenbanksysteme, die Modellierung komplexer Objekte vollständig zu unterstützen. Nach der Klassifizierung von DITTRICH (1990 a, S. 234) liegt somit verhaltensmäßige Objektorientierung vor.

Die aus dem Strukturbruch zwischen der objektorientierten Zwischenschicht und dem darunterliegenden relationalen Datenbanksystem resultierenden Defizite müssen zwangsläufig in der Forderung enden, die objektorientierten Konzepte in die relationalen Datenbanksysteme vollständig zu integrieren. Dieser Ansatz wird unter Ziffer 4.2 beschrieben.

4.2 Erweiterte relationale Datenbanksysteme

Die Erweiterung eines relationalen Datenbanksystems um objektorientierte Konzepte erfolgt nach HEUER (1992, S. 31) durch die schrittweise Ausstattung mit Typkonstruktoren, Objektidentität und anderen objektorientierten Konzepten. Die nachfolgenden Beispiele für die Implementierungen von Erweiterungen des relationalen Datenmodells um objektorientierte Konzepte beziehen sich auf das erweiterte relationale Datenbanksystem POSTGRES (STONEBREAKER und ROWES, 1986, S. 340 - 355).

4.2.1 Ergänzung des relationalen Modells um objektorientierte Eigenschaften

Die Domänen der Attribute werden nach LOCKEMANN (1993, S. 82 ff.) bei dem Datenbanksystem POSTGRES, das stellvertretend für die Gattung der erweiterten relationalen Datenbanksysteme betrachtet wird, über die in relationalen Systemen vorhandenen skalaren Domänen *in-*

teger, float, bool, character und *date* hinaus um *arrays* beliebiger Dimension und unbegrenzter Länge erweitert. Auf die einzelnen Elemente des als Attribut gespeicherten arrays kann in der bei Programmiersprachen üblichen Weise zugegriffen werden. In einem als Attribut gespeicherten array können Instanzen anderer Klassen mit Teilen ihrer Werte oder mit allen ihren Werten enthalten sein. Dadurch ist ein Teil der Voraussetzungen gegeben, um komplexe Objekte konstruieren zu können. Damit verbunden ist hingegen der Verzicht auf die erste Normalform, da arrays keine atomaren Werte sind. Die Domänen der Attribute können in POST-GRES nach LOCKEMANN (1993, S. 82) auch benutzerdefiniert sein und z.b. Bitfolgen, komprimierte oder verschlüsselte Zahlen und Zeichenfolgen enthalten.

Abstrakte Datentypen (ADT) können nach STONEBREAKER und KEMNITZ (1991, S. 81) in POSTGRES auf Domänen und somit auf Attributebene definiert werden. Die Umwandlung der Instanzen vom abstrakten Datentyp zum string und umgekehrt kann bei ADT's nur über benutzerdefinierte Methoden erfolgen, die in POSTGRES in der Sprache C implementiert werden. Durch diesen Schutzmechanismus, der eine Kapselung des ADT's realisiert, ist sichergestellt, daß die Instanzen von ADT's tatsächlich nur über die dafür vorgesehenen Methoden manipuliert werden.

Die Objektidentität ist in erweiterten relationalen Datenbanksystemen ein systemdefiniertes Attribut eines Tupels, das nicht veränderbar ist. Eine durch das Datenbanksystem implizit vergebene Objektidentität wird nach CATTELL (1994, S. 102 ff.) in erweiterten relationalen Datenmodellen an Stelle von Schlüsseln als Identifikationsmerkmal für die gespeicherten Objekte genutzt. Wenn die Objektidentität über einen Fremdschlüssel als Referenz auf andere Objekte genutzt wird, so ist die Syntax genauso, als wenn der im Fremdschlüssel geführte Identifikationsschlüssel des anderen Tupels/Objektes eine Zeichenkette (string) oder ein anderer Werttyp ist.

Eine Möglichkeit zur Erweiterung des relationalen Modells um Funktionen besteht in der Aufnahme prozeduraler Bestandteile in die relationale Datenbankabfragesprache SQL. Die Erweiterung der Abfragesprache SQL um Konstrukte, wie z.B. Variablen, Schleifen oder Funktionen, gibt dem Programmierer die Möglichkeit, das Objektverhalten statt in der Anwendungsprogrammierung nunmehr mittels der Datenbanksprache innerhalb der Datenbank zu implementieren. Im erweiterten relationalen Datenbanksystem POSTGRES (STONEBREAKER und ROWES, 1986, S. 342) ist die Aufnahme prozeduraler Bestandteile in die relationale Abfragesprache durch den Datentyp 'POSTQUEL' realisiert. Die Speicherung dieses Datentyps findet als Attribut eines Tupels statt. Ein Attribut des Typs 'POSTQUEL' enthält eine Folge von Datenmanipulations-Befehlen, die über die herkömmliche Punktnotation referenziert werden. Eine andere Möglichkeit besteht in der Zulassung des Aufrufs von Funktionen, die mit Hilfe einer Programmiersprache erstellt werden, aus dem relationalen Datenbanksystem heraus. Die in einer Programmiersprache geschriebenen Funktionen werden - wie z.B. bei dem erweiterten relationalen Datenbanksystem POSTGRES (STONEBREAKER und ROWES, 1986, S. 342) - als Attribute wie die sonstigen Eigenschaften der Objekte in den Relationen gespeichert. Der Datentyp zur Speicherung einer Funktion wird im Datenbanksystem POSTGRES mit 'PROCEDURE' bezeichnet. Die im Datentyp 'PROCEDURE' gespeicherte Funktion wird in der POSTGRES-Systemumgebung gebunden und ausgeführt. Die Ausführung der als Attribut gespeicherten Funktion findet über den Befehl 'EXECUTE (Relation.Attributname) WHERE Bedingung = erfüllt' statt.

Die Datentypen 'POSTQUEL' und 'PROCEDURE' können genutzt werden, um komplexe Objekte, die gemeinsam genutzte Unterobjekte enthalten, abzubilden. Die Darstellung derartiger komplexer Objekte erfolgt in nachfolgender Tab. 8 über ein Attribut, das den Datentyp 'POSTQUEL' besitzt. Das betreffende Attribut enthält eine Folge von Befehlen, um aus anderen Relationen Daten wiederzuholen, die die Sub-Objekte repräsentieren und aus denen sich das komplexe Objekt zusammensetzt.

Im Beispiel der Teilestruktur sind Teile enthalten, die aus verschiedenen Unterteilen bestehen. Die Definition der Objektrelation, in der diese aus Unterteilen bestehenden Teile enthalten sind, könnte nach STONEBREAKER und ROWES (1986, S. 342) wie folgt aussehen:

create TEILE (T-Bez = char[10], zusammen_komplexes_teil = postquel)

Für das Beispiel der Teilestruktur sieht die Darstellung des Produkts 1 mit der Teil-Nr. 11, das aus verschiedenen Unterteilen besteht, in der Objektrelation TEIL wie folgt aus:

Objektrelation TEILE

T-Bez	zusammen_komplexes_teil
Produkt 1	TEIL.aktuelleTeil-ID := X; retrieve (UNTERTEILE.all) where OTeil-ID = TEIL.aktuelleTeil-ID retrieve (UNTERTEILE.all) where UNTERTEILE.OTeil-ID = OBERTEILE.UTeil-ID and OBERTEILE.Teil-ID = TEIL.aktuelleTeil-ID

Tab. 8. Darstellung des Produkts 1 in der Objektrelation TEILE (ähnlich STONEBREAKER und ROWES (1986, S. 343)

Die in Tab. 8 referenzierten Relationen UNTERTEILE und OBERTEILE entsprechen den in den Tab. 6 auf Seite 47 und Tab. 7 auf Seite 48 eingeführten gleichlautenden Relationen. Das Element 'TEIL.aktuelleTeil-ID' in der Funktion 'zusammen_komplexes_teil' erhält den Wert der Objektidentität des komplexen Teils, dessen Unterteile zusammengesucht werden sollen. Dieser Wert wird beim Aufruf der Funktion mit der Variablen X an die Funktion übergeben. In der Funktion 'zusammen_komplexes_teil' werden für das Objekt 'Produkt 1' in der ersten Wiederherstellungsfunktion alle direkten Unterteile zusammengefaßt, die als Oberteil das Produkt 1 mit der aktuellen Objektidentität des Produktes 1 (z.B. β_1) haben. In der zweiten Wiederherstellungsfunktion werden alle indirekten Unterteile zusammengeführt, deren Oberteile eine Objektidentität haben, die mit einer der Unterteil-Objektidentitäten des Produktes 1, das selbst z.B. die aktuelle Objektidentität β_1 hat, übereinstimmt.

Im oben als Beispiel für ein erweitertes relationales Datenbanksystem genannten POSTGRES werden die Begriffe Klasse, Relation und konstruierter Typ nach STONEBREAKER und KEMNITZ (1991, S. 80) gleichbedeutend verwendet. Ebenso sind die Begriffe Datensatz, Instanz und Tupel gegeneinander austauschbar. Eine Klasse und somit eine Relation wird in POSTGRES - wie bereits oben für die Klasse TEILE dargestellt - durch Nennung der Klassenbezeichnung und aller Attributnamen mit den jeweils zugehörigen Datentypen definiert. Eine Klasse kann Attribute von anderen Klassen erben. Die Unterklasse OBERTEILE erbt von ihrer Oberklasse TEILE die Attribute 'T-Bez' und 'Objekt'. An eigenen Eigenschaften hat die Klasse OBERTEILE die Attribute 'UTNr' und 'Menge-Unterteil'. Die Klasse OBERTEILE würde dann in POSTGRES wie folgt erzeugt:

create OBERTEILE (UTNr = integer, Menge-Unterteil = integer) inherits TEILE

Damit ist bei der Erzeugung der Relation/Klasse OBERTEILE die Hierarchie der Klassen TEILE und OBERTEILE zueinander im Datenbanksystem erfaßt und in der Folge sind die aus der Oberklasse TEILE ererbten Attribute in der Unterklasse OBERTEILE bzw. der identischen Relation enthalten.

4.2.2 Nutzung von objektorientierten Erweiterungen durch Applikationen

Bei erweiterten relationalen Datenbanken besteht - wie bei konventionellen Datenbanksystemen - eine Trennung zwischen der Umgebung des Datenbanksystems und der Umgebung des Anwendungssystems.

Bei Anfragen an die Datenbank ist es daher bei erweiterten relationalen Datenbanksystemen erforderlich, daß die Datenbankanfragen in die Programmierung der Applikation eingebettet werden, um die vom Datenbanksystem als Ergebnis auf die Anfrage zurückgegebenen Daten in die Anwendungsumgebung zu übertragen und die Ergebnisdaten in der Anwendung weiterverarbeiten zu können.

Die Erweiterung des relationalen Datenmodells im Beispiel von POSTGRES um die Fähigkeit, Methoden als Attribute zu speichern, ermöglicht nach CATTELL (1994, S. 107) die Ausführung von Funktionen auf den Objekten/Tupeln sowohl innerhalb der Datenbankumgebung, als auch - wie bei herkömmlichen Datenbanksystemen üblich - innerhalb der Umgebung der Anwendung. Als Konsequenz kann der Programmierer entscheiden, ob die Rechenleistung des Datenbank-Servers für die Ausführung von Funktionen auf den Datenbank-Objekten genutzt werden soll oder ob die Rechenleistung des Systems, auf dem die Anwendung läuft, für die Ausführung der Operationen auf den Objekten in Anspruch genommen wird. Sofern Programme oder Funktionen wie z.B. beim erweiterten relationalen POSTGRES innerhalb der Datenbankumgebung gespeichert und ausgeführt werden, besteht jedoch das Problem, daß bei der Ausführung der Programme/Funktionen der Zugriff auf wichtige globale Daten oder Benutzereingaben aus der Anwendung, die bei einer Ausführung der Programme/Funktionen innerhalb der Anwendungsumgebung verfügbar wären, nicht möglich ist. Für den Programmierer besteht - ohne die Frage der verfügbaren Rechenleistung zu betrachten - bei einem erweiterten relationalen Datenbanksystem die Wahlfreiheit zwischen der Implementierung von Programmen innerhalb der Umgebung des Datenbanksystems und innerhalb der Umgebung der Anwendungsprogrammierung. Wegen des leichteren Zugriffs auf die globalen Daten und Benutzereingaben ist es aber zweckmäßig, Programme und Funktionen, die auf globale Daten und Benutzereingaben zugreifen, innerhalb der Umgebung der Anwendungsprogrammierung zu implementieren.

Ein weiteres Merkmal der erweiterten relationalen Datenbanksysteme ist die im vorhergehenden Kapitel dargestellte systemunterstützte Vererbung von Attributen und Funktionen entlang der Vererbungshierarchie. Für Anwendungen, die Daten über Objekte aus dem Datenbanksystem abfragen, hat die Unterstützung der Vererbung innerhalb des Datenbanksystems den Vorteil, daß lediglich die Oberklasse hinsichtlich der in einer Unterklasse enthaltenen Objekte angefragt werden muß. Die Anfrage kann dabei auch Attribute enthalten, die nur in der Unterklasse, der die abgefragten Objekte angehören, enthalten sind. Die eigentliche Vererbungsstruktur wird somit vollständig im Datenbanksystem vorgehalten und braucht nicht der

Anwendung bekannt zu sein. So können auf eine Abfrage hin Instanzen einer Oberklasse und aus Unterklassen als zusammengesetzte Antwort vom Datenbanksystem an die abfragende Anwendung übergeben werden. Für die Anwendung besteht dann das Problem, daß diese mit der Komplexität der Antwort des Datenbanksystems angemessen umgehen können muß. Die Verarbeitung von Abfrageergebnissen, die komplexe (zusammengesetzte) Datentypen enthalten, bereitet Anwendungen, die mit einer prozeduralen Programmiersprache erstellt wurden, wegen der unterschiedlichen Datenstruktur in der Anwendung und dem, was vom erweiterten relationalen Datenbanksystem als Abfrageergebnis möglicherweise zurückgegeben wird, erhebliche Schwierigkeiten. Die vorstehenden Probleme treten bei Anwendungen, die mit einer objektorientierten Programmiersprache erstellt wurden, naturgemäß nicht auf, da eine objektorientierte Programmiersprache komplexe Datentypen unterstützt und somit die von dem Datenbanksystem an die Anwendung übergebenen Abfrageergebnisse adäquat weiterverarbeiten kann.

4.2.3 Objektorientierte Erweiterungen der Sprache SQL

Am Markt bereits verfügbare Datenbanksysteme, die die in Kapitel 4.2.1 beschriebenen objektorientierten Erweiterungen des relationalen Modells ganz oder zum Teil bereits beinhalten, besitzen durchgehend proprietäre objektorientierte Erweiterungen des Sprachenstandards für relationale Datenbanken SQL92. Als Beispiel ist die kommerzielle Fortführung der Forschungsdatenbank POSTGRES mit der aktuellen Bezeichnung 'INFORMIX-Universal Server' durch die Firma Informix zu nennen. Es bestehen nach LAUSEN und VOSSEN (1996, S. 160 ff.) jedoch seit Verabschiedung des SQL92-Standards im Jahr 1992 Bemühungen, mit der Version 3 des SQL-Standards, der nachfolgend mit SQL3 bezeichnet wird, der vermehrten Verwendung objektorientierter Konzepte in relationalen Datenbanken Rechnung zu tragen. Daher wird stellvertretend für die bereits existierenden proprietären Konzepte zur objektorientierten Erweiterung des Sprachenstandards SQL der bisherige Entwurf des SQL3-Standards betrachtet. Die Spezifikation des SQL3-Standards beinhaltet neben den objektorientierten Erweiterungen auch die Fortentwicklung bereits bestehender Konzepte wie z.B. Trigger, Erweiterung der Abfragemöglichkeiten durch Verwendung von Rekursion oder die Verwendung neuer vordefinierter Datentypen, insbesondere Aufzählungen, Boolsche Werte und Large Objects. Auf diese nicht-objektorientierten Erweiterungen des Sprachenstandards SQL92 wird nicht weiter eingegangen.

Die in der bisherigen Spezifikation von SQL3 enthaltenen objektorientierten Erweiterungen des Sprachenstandards SQL92, die zusammenfassend auch als die *Major Object-Oriented SQL Extensions* (MOOSE) bezeichnet werden, sind nachfolgend in der von PISTOOR (1993, S. 90 ff.) vorgenommenen Strukturierung dargestellt.

4.2.3.1 Abstrakte Datentypen

Durch die Einführung der *abstrakten Datentypen* (ADT) wird nach LAUSEN und VOSSEN (1996, S. 161) das bisherige Typkonzept von SQL92 erweitert. Bei den benutzerdefinierten abstrakten Datentypen wird eine Unterscheidung vorgenommen zwischen *Werttypen*, die eine Verallgemeinerung des Domain-Konzepts von SQL92 darstellen, und *Objekttypen*, durch die Objekte mit wertunabhängiger Identität unterstützt werden.

Die Instanzen von Werttypen entsprechen nach LAUSEN und VOSSEN (1996, S. 162) in ihrem Verhalten den Werten vordefinierter Typen aus SQL. Diese existieren fortwährend und brauchen nicht ausdrücklich erzeugt oder vernichtet zu werden. Die Instanzen von Werttypen haben keine eindeutige Identität, die unabhängig von ihrem Wert ist, und können demzufolge auch nicht direkt referenziert werden. Die Instanzen eines Objekttyps entsprechen in ihrem Verhalten den Objekten in objektorientierten Sprachen. Sie haben eine bestimmte Lebensdauer, müssen ausdrücklich erzeugt werden und können ebenso wieder zerstört werden. Entsprechend den Objekten in objektorientierten Sprachen haben die Instanzen eines Objekttyps eine eindeutige Identität, die unabhängig von ihrem Wert ist und über die die Instanzen eines Objekttyps - bei Bedarf auch mehrfach - referenziert werden können.

Bei Wert- und Objekttypen kann nach LAUSEN und VOSSEN (1996, S. 163) die Kapselung der Struktur bzw. des Verhaltens durch die Verwendung der Zusätze *public* bzw. *private*, durch die für jedes Element in der Typdefinition bestimmt werden kann, ob das Attribut bzw. die Funktion nach außen sichtbar ist, festgelegt werden. Durch den Zusatz *protected* kann ein Attribut bzw. eine Funktion sowohl im eigenen ADT als auch in allen Untertypen des eigenen ADT (siehe nachfolgende Ziffer 4.2.3.5) sichtbar gemacht werden. Der Default-Wert für das erste Attribut bzw. die erste Funktion und alle folgenden ist nach KULKARNI (1993, S. 290) *public*. Dieser gilt, bis etwas anderes festgelegt wird.

Aus dem Beispiel der Teilestruktur ist nachfolgend der Objekttyp TEIL - ohne eine Funktion zur Rekonstruierung der komplexen Zusammensetzung der Teile, die aus Unterteilen bestehen - definiert:

```
CREATE OBJECT TYPE teil
    (TNr INTEGER, T-Bez VARCHAR(20));
```

Mit Hilfe dieses Objekttyps kann dann sehr einfach eine Tabelle erzeugt werden:

```
CREATE TABLE teile OF teil;
```

Es wurde kein Identifikationsschlüssel vereinbart. Nach PISTOOR (1993, S. 91) übernimmt die implizit vom System für jede Instanz des Objekttyps generierte Objektidentität in diesem Fall die Rolle des Identifikationsschlüssels (siehe Ziffer 4.2.3.3).

4.2.3.2 Benutzerdefinierte Funktionen

Benutzerdefinierte abstrakte Datentypen können mit *benutzerdefinierten Funktionen* versehen werden. In der Spezifikation von SQL3 ist nach PISTOOR (1993, S. 90 ff.) vorgesehen, die Definition von SQL-Funktionen und externen Funktionen zuzulassen.

SQL-Funktionen werden mit den Mitteln der Sprache SQL3 erstellt und bestehen aus einem optionalen Vereinbarungsteil für lokale Variablen und aus einer Anweisung. Die Anweisung besteht aus einem Block von Einzelanweisungen, in dem Zuweisungen von Werten zu Variablen, Schleifen- und Verzweigungsanweisungen sowie typische SQL-Anweisungen, wie z.B. SELECT, INSERT oder DELETE, vorkommen dürfen. KULKARNI (1993, S. 292) führt aus, daß *constructor functions*, mit denen neue Instanzen eines Objekttyps geschaffen werden, *destructor functions*, mit denen Instanzen eines Objekttyps gelöscht werden, und *actor functions*, die einen Wert als Ergebnis der Funktionsausführung zurückgeben oder Änderungen in der Datenbank durch Updates, die in der Funktion implementiert sind, durchführen, als Funktionsarten in SQL3 unterstützt werden.

Mit einer SQL-Funktion kann z.B. die in Ziffer 4.2.1 in der Objektrelation TEILE formulierte Funktion 'zusammen_komplexes_teil', die dort als Datentyp *postquel* definiert ist, entsprechend in den in Ziffer 4.2.3.2 beschriebenen Objekttyp TEIL implementiert werden. Zusammen mit der Funktion zur Schaffung einer Instanz kann in Anlehnung an KULKARNI (1993, S. 290 ff.) folgende Definition des Objekttyps TEIL gegeben werden:

```
CREATE OBJECT TYPE teil
    (TNr INTEGER, T-Bez VARCHAR(20),
     CONSTRUCTOR FUNCTION teil (:B VARCHAR)
     RETURNS teil
     DECLARE :T teil
```

```
BEGIN
    NEW  :T;
    SET  :T.T-Bez = :B;
    RETURN :T;
END;
END FUNCTION;
ACTOR FUNCTION zusammen_komplexes_teil (:X Objektidentifikator)
    RETURNS ##Liste aller Teile, aus denen das komplexe Teil besteht##
BEGIN
    ##<Code, mit dem vergleichbar in POSTQUEL die Unterteile und deren
        Unterteile zusammengesucht werden>##
END
END FUNCTION
);
```

Der mit dem Aufruf der Funktion 'zusammen_komplexes_objekt' übergebene Wert ':X' vom Typ 'Objektidentifikator' ist die Objektidentität des Teils, für das die Unterteile und deren Unterteile zusammengesucht werden sollen.

Externe Funktionen können z.B. in der Sprache C geschrieben werden. Zu der externen Funktion muß durch den Benutzer eine Schnittstellenbeschreibung gegeben werden, um den Datenaustausch zwischen der importierten externen Funktion und der Datenbankanwendung zu gewährleisten. Die Erstellung von externen Funktionen bietet sich nach PISTOOR (1993, S. 90) vor allem für rechenintensive und komplexe Funktionen an, die zwar mit Hilfe der nunmehr in SQL3 vorgesehenen Möglichkeiten nachgebildet werden können, deren Umsetzung in C oder ähnlichen Sprachen aber effizienter möglich ist.

4.2.3.3 Objektidentität

Nach den Ausführungen in Ziffer 4.2.3.1 haben die Instanzen eines Objekttyps in SQL3 eine eindeutige Identität, die unabhängig von ihrem Wert ist und über die gegebenenfalls auch von unterschiedlichen Stellen aus Instanzen eines Objekttyps referenziert werden können. Die Objektidentität wird nach PISTOOR (1993, S. 91) für jede neue Instanz eines Objekttyps vom System bei der Erzeugung eindeutig generiert. Sie trägt in SQL3 die reservierte Bezeichnung 'OID' und ist vom Typ 'Objektidentifikator'. Der Typ 'Objektidentifikator' trägt in SQL3 die Notation 'REF (Objekttyp)'. Eine Veränderung des Wertes für die Objektidentität durch den Benutzer ist nicht möglich.

Jede Tabelle hat eine implizit definierte Spalte OID. In Ziffer 4.2.3.1 wurde bereits darauf verwiesen, daß die Objektidentität die Rolle des Primär- oder Identifizierungsschlüssels übernimmt, wenn bei der Tabellendefinition kein Primär- oder Identifizierungsschlüssel festgelegt wurde. Die Objektidentität darf in SQL3 als Fremdschlüssel benutzt werden, um andere Objekte zu referenzieren. Diese als Fremdschlüssel benutzten Objektidentifikatoren haben dann die Notation 'REFERENCES (Tabellenname)'. Derartige Verweise über Objektidentifikatoren ermöglichen den Zugriff auf Daten in anderen Tabellen, ohne umständliche Join-Operationen zum Verbinden der betreffenden Tabellen vornehmen zu müssen.

Nach LAUSEN und VOSSEN (1996, S. 165) kann in SQL3 für jede Basistabelle eine Zeilen-(Objekt)-Identität explizit durch den Zusatz WITH IDENTITY vereinbart werden. Das Attribut OID wird dann zwar weiterhin nicht in Ergebnissen von SELECT *-Anfragen angezeigt, es besteht aber die Möglichkeit, auf den Wert dieses Attributs z.B. zur Bildung von Aggregationen implizit zuzugreifen.

4.2.3.4 Typ-Schablonen, Kollektionstypen

In SQL3 besteht die Möglichkeit, die Definition von Typen zu parametrisieren. Neben benutzerdefinierten Typ-Schablonen sind z.B. für die Definition von Kollektionstypen in ADT's die drei vordefinierten Typ-Schablonen bzw. Typkonstruktoren *LIST, SET* und *Multiset* in SQL3 vorhanden. Der Begriff SET beschreibt den bisherigen Stand in SQL92, wonach eine Tabelle eine Menge von Tupeln ist, die keine doppelten Tupel enthält. Das Tabellenkonzept in SQL3 wird durch den Typkonstruktor LIST dahingehend erweitert, daß innerhalb der Tupel einer Tabelle eine Ordnung hergestellt werden kann, wobei doppelte Tupel nicht erlaubt sind. Der Typkonstruktor Multiset erlaubt das doppelte Vorkommen von Tupeln innerhalb einer Tabelle. Die Kombination der Typkonstruktoren LIST und Multiset erlaubt dann eine Ordnung unter den Tupeln einer Tabelle mit der Möglichkeit, daß Tupel doppelt vorkommen dürfen. Nach LAUSEN und VOSSEN (1996, S. 164) stellt SQL3 damit lediglich den Standard her, der bisher schon in den meisten am Markt vorhandenen Systemen praktiziert wurde.

Mit Hilfe der vorgenannten Typkonstruktoren kann ein Attribut eines ADT's so definiert werden, daß es z.B. ein SET, das aus Referenzen auf bestimmte Objekttypen besteht, beinhaltet. Die erste Normalform ist dann nicht mehr eingehalten, weil der Inhalt dieses Feldes einer Tabelle entspricht und somit nicht atomar ist.

4.2.3.5 Subtypen und Supertypen

Für Wert- und Objekttypen besteht nach LAUSEN und VOSSEN (1996, S. 161) gleichermaßen die Möglichkeit der Spezialisierung. Ein Typ kann hierfür als Untertyp eines oder mehrerer anderer Typen, die als Obertypen bezeichnet werden, vereinbart werden. Jeder Untertyp hat genau einen „maximalen" Obertyp. Dieser „maximale" Obertyp darf selber keine weiteren Obertypen besitzen.

Nachfolgend ist OBERTEIL als Subtyp des in Ziffer 4.2.3.2 eingeführten Objekttyps TEIL definiert:

CREATE   OBJECT TYPE   oberteil   UNDER   teil
(UTNr INTEGER, Menge-Unterteil INTEGER);

Der Subtyp OBERTEIL erbt alle Attribute seines direkten Obertypen TEIL. Sofern für den Obertypen Funktionen definiert sind, werden diese nach PISTOOR (1993, S. 92) über das Substitutionsprinzip an den Subtyp vererbt. Es besteht auch die Möglichkeit, die ererbte Funktion in der Definition des Subtypen zu redefinieren. Die Bezeichnung für die Funktion bleibt dann die gleiche wie beim direkten Obertyp. Beim Aufruf der Funktion wird über den Mechanismus des dynamischen Bindens zur Laufzeit nach dem Typ des Aufrufparameters entschieden, welche der gleichlautenden Funktionen am besten geeignet ist.

4.2.3.6 Subtabellen und Supertabellen

Die in Ziffer 4.2.3.3 eingeführte Objektidentität wird in einer Tabelle als sogenannte *Zeilen-Identität* bezeichnet, da sie die Tupel einer Tabelle, die jeweils einer Tabellenzeile entsprechen, eindeutig kennzeichnet. Das Konzept der Zeilen-Identität wird nach LAUSEN und VOSSEN (1996, S. 165 ff.) in SQL3 für die Einrichtung und Wartung von Subtabellen genutzt. Hierbei kann eine Tabelle als Subtabelle einer oder mehrerer anderer Tabellen, die dann als Supertabellen bezeichnet werden, definiert werden.

Zu der in Ziffer 4.2.3.1 eingeführten Tabelle TEILE wird nachfolgend die Subtabelle OBERTEILE deklariert:

CREATE TABLE oberteile UNDER teile
(UTNr INTEGER, Menge-Unterteil INTEGER);

Die Tabelle UNTERTEILE erbt alle Attribute der Tabelle TEILE und hat darüberhinaus noch weitere eigene Attribute. Jedes Tupel, das in der Tabelle UNTERTEILE enthalten ist, muß genau ein korrespondierendes Tupel in der Tabelle TEILE besitzen. Umgekehrt ist es nicht zwingend, daß für jedes Tupel einer Supertabelle ein korrespondierendes Tupel in einer Subtabelle existiert. Die geforderte Entsprechung von Tupeln zwischen einer Subtabelle und der zugehörigen Supertabelle wird über die vorstehend beschriebene Zeilenidentität hergestellt. Nach LAUSEN und VOSSEN (1996, S. 166) wird für jede Tabelle, zu der es eine Sub- oder Supertabelle gibt, implizit ein Attribut OID vom Typ 'Objektidentifikator' zugefügt. Im vorliegenden Beispiel wird somit mit der Deklaration der Tabelle OBERTEILE als Subtabelle der Tabelle TEILE automatisch zu jeder Tabelle ein Attribut OID vom Typ Objektidentifikator zugefügt.

Zur Gewährleistung der Integrität bei Subtabellen und Zeilen-Identitäten ist nach LAUSEN und VOSSEN (1996, S. 166) in SQL3 vorgesehen, daß beim Einfügen eines Tupels in eine Subtabelle durch das System ein Tupel mit derselben Zeilen-Identität in die zugehörige Supertabelle eingefügt wird. Die Einfügung des Tupels in die Supertabelle erfolgt dabei über eine Projektion aus dem neuen Tupel auf ein neues Tupel der Supertabelle. Sofern ein Tupel einer Supertabelle in den Attributwerten geändert wird, werden alle vererbten Attributwerte in den zugehörigen Subtabellen mit verändert. Ebenso werden Änderungen in den Attributwerten eines Tupels einer Subtabelle vom System auf die Attributwerte des zugehörigen Tupels der Supertabelle übertragen. Beim Löschen eines Tupels aus einem Subtabellen-Verband werden sämtliche Entsprechungen in anderen Tabellen ebenfalls durch das System gelöscht.

4.2.4 Bewertung der objektorientierten Erweiterterung relationaler Datenbanksysteme

Die Erweiterung des relationalen Modells um die vorstehend beschriebenen objektorientierten Konzepte bringt nach PISTOOR (1993, S. 92) gegenüber dem derzeitigen Standard der relationalen Datenbanksysteme erhebliche Vorteile. So wird durch die systemunterstützte Objektidentität und die neuen Typkonstruktoren - wie z.B. LIST und MULTISET - die Definition komplexer Datenstrukturen erheblich vereinfacht. Durch die Erweiterung der Sprache SQL um SQL-Funktionen und die Zulassung der Definition von externen Funktionen können umfangreiche Operationen definiert werden, die in der Datenbankumgebung unter der Kontrolle des Datenbanksystems ablaufen. Dadurch kann bei geeigneten Funktionen eine Entlastung des Anwendungsprogrammierers sowie eine Verminderung der Zahl der Interaktionen zwischen dem Anwendungsprogramm und der Datenbank, was möglicherweise zu einer Erhöhung der Performance des Systems führt, erreicht werden. Die benutzerdefinierten Funktionen bei ADT's vereinfachen zum einen die Handhabung der in den ADT's enthaltenen komplexen Datenstrukturen und sorgen zum anderen durch die Kapselung der Struktur und des Verhaltens dafür, daß die komplexen Datenstrukturen nur mit geeigneten Zugriffen abgefragt bzw. manipuliert werden können. Die Unterstützung der Vererbung von Verhalten und Struktur durch das Datenbanksystem ermöglicht durch Veränderung bereits in der Datenbank bestehender

Typdefinitionen den Aufbau einer Typbibliothek innerhalb des Datenbanksystems. Diese Typbibliothek steht dann allen Anwendungen zur Verfügung, die Zugriff auf die Datenbank haben.

In die in den obenstehenden Abschnitten beschriebenen Spezifikationen des künftigen Standards SQL3 wird das Verständnis über Typen und Tabellen aus bisherigen relationalen Datenbanksystemen durch die Kompatibilität zum bestehenden Standard SQL92 nahtlos integriert. Dadurch ist der Schutz der in der relationalen Datenbanktechnologie getätigten Investitionen für die anwendenden Unternehmen bei einem Umstieg auf ein Datenbanksystem, das den künftigen Standard SQL3 mit den oben beschriebenen objektorientierten Erweiterungen unterstützt, gewährleistet. Die bisher von relationalen Datenbanksystemen so geschätzten Eigenschaften wie Sicherheit, Stabilität der Anwendungen und Gewährleistung einer unter allen Bedingungen konsistenten Datenbasis durch die Konzepte der dynamischen, referentiellen und der Entity-Integrität bleiben den Unternehmen zumindest für die bestehenden Anwendungen erhalten. Die Gewährleistung der Integrität bei Nutzung der objektorientierten Erweiterungen des künftigen Standards SQL3 ist nach PISTOOR (1993, S. 93) bei der Modellierung von Beziehungen zwischen Objekten mit Schwierigkeiten verbunden. In dem von PISTOOR angeführten Beispiel referenzieren sich zwei Objekttypen gegenseitig über jeweils ein Attribut mit unterschiedlicher Bezeichnung. Eine Änderung in bestimmten Attributen bei einer beliebigen Instanz (Tupel) des einen Objekttyps erfordert möglicherweise eine entsprechende Änderung eines anderen Attributs bei einer oder mehreren Instanzen des anderen Objekttyps. Eine derartige Integritätsbedingung wird derzeit nicht automatisch durch die Spezifikation von SQL3 unterstützt und müßte deshalb über eine komplexe Funktion implementiert werden. Dieses widerspricht aber den Anforderungen an die Gewährleistung der vollständigen Integrität der Datenbasis durch implizit vom Datenbanksystem gewartete Integritätsbedingungen. Diese müssen zwar in der Definition des Objekttyps festgehalten, aber nicht vollständig durch die Implementierung einer vom Programmierer zu erstellenden komplexen Funktion zur Verfügung gestellt werden.

Die Beschreibung der komplexen Struktur der Anwendungsobjekte kann mit den eingeführten Konzepten der erweiterten relationalen Datenbanksysteme vollständig erfolgen. Ebenso ist bei der objektorientierten Erweiterung relationaler Datenbanksysteme ein Konzept für die Definition neuer Datentypen durch den Benutzer vorhanden, mit denen die Beschreibung des Verhaltens der Anwendungsobjekte unterstützt wird. Nach der Klassifizierung von DITTRICH (1990 a,

S. 234) ist somit bei den erweiterten relationalen Datenbanksystemen volle Objektorientierung gegeben.

5 Zusammenfassung

Hybride Datenbanksysteme sind eine Möglichkeit, ein bereits im Einsatz befindliches relationales Datenbanksystem entsprechend den Erfordernissen der objektorientierten Modellierung durch die schrittweise Entwicklung und Erweiterung einer objektorientierten Zwischenschicht so zu ergänzen, daß die mit dem Datenbanksystem interagierenden objektorientierten Anwendungen eine Unterstützung wie durch ein objektorientiertes Datenbanksystem erfahren. Der Vorteil dieses Ansatzes besteht in seiner flexiblen Erweiterbarkeit und der Möglichkeit des unveränderten Zugriffs auf das relationale Datenbanksystem durch die bereits vorhandenen konventionellen Anwendungen. Dadurch ist auf jeden Fall gewährleistet, daß unternehmenskritische Anwendungen ohne Beeinträchtigung durch einen Wechsel des Datenbanksystems weiterhin genutzt werden können. Nachteilig bei diesem Ansatz ist die Beschränkung der in dem relationalen Datenbanksystem verfügbaren Datentypen auf die bisherigen atomaren Standardtypen des Sprachenstandards SQL92. Die Speicherung von komplexen Datentypen innerhalb des Datenbanksystems und die damit zusammenhängende Speicherung von komplexen Objektstrukturen innerhalb des Datenbanksystems sind nicht möglich. Die Speicherung komplexer Objekte erfolgt verteilt in mehreren Relationen. Innerhalb der objektorientierten Zwischenschicht müssen die Umsetzung von Objekten in relationale Strukturen, und umgekehrt das Wiederzusammenfügen der Objekte aus den im relationalen Datenbanksystem gespeicherten Informationen erfolgen. Die von der objektorientierten Anwendung erzeugten Objektanfragen werden in relationale Datenbankzugriffe, die durch das relationale Datenbanksystem auf herkömmliche Weise bearbeitet und in Form einer relationalen Antwort an die Zwischenschicht zurückgegeben werden, übersetzt. Die Zwischenschicht sorgt dann wieder für die Übersetzung der relationalen Antwort in objektorientierte Strukturen. Die vielfältigen Aufgaben der objektorientierten Zwischenschicht, die wie ein Filter zwischen der objektorientierten Anwendung und dem herkömmlichen relationalen Datenbanksystem liegt, müssen zur Laufzeit ausgeführt werden und verursachen dadurch nach STONEBREAKER (1996, S. 151) eine erhebliche Reduzierung der Performance des objektorientierten Zugriffs auf die Daten.

Die erweiterten relationalen Datenbanksysteme ermöglichen durch die neu eingeführten Typkonstruktoren in Verbindung mit der systemunterstützten Objektidentität die Definition komplexer Datenstrukturen. Aufwendige Join-Operationen zum Zusammenfügen von über mehrere Relationen verteilt gespeicherten Informationen über komplexe Objekte sind somit nicht erforderlich. Durch die Erweiterung der Sprache SQL um SQL-Funktionen und die Zulassung von externen Funktionen besteht die Möglichkeit, umfangreiche Operationen zu definieren und unter der Kontrolle des Datenbanksystems ablaufen zu lassen. Dadurch kann die Anzahl der Interaktionen zwischen der Anwendung und dem Datenbanksystem reduziert werden, was zusammen mit der Nutzung der Rechenleistung des Datenbankservers für Operationen, die ansonsten auf dem Applikationsrechner laufen müßten, zu einer Erhöhung der Performance führen kann. Durch das Konzept der abstrakten Datentypen (ADT) mit benutzerdefinierten Funktionen kann die Kapselung von Struktur und Verhalten für komplexe Datenstrukturen und damit zusammenhängend die Gewährleistung von geeigneten Zugriffen auf komplexe Datenstrukturen realisiert werden. Die Unterstützung der Vererbung von Verhalten und Struktur durch das Datenbanksystem bietet die Möglichkeit, die von der objektorientierten Modellierung erhofften Einsparungspotentiale durch Wiederverwendung von bestehenden Typdefinitionen auch im Datenbanksystem zu verwirklichen. Die vollständige Gewährleistung der Integrität durch das Datenbanksystem - z.B. bei der Modellierung von Beziehungen zwischen zwei Objekten, wenn ein bestimmter Attributwert bei einem der in Beziehung stehenden Objekte geändert wird und die Änderung des korrespondierenden Attributwertes bei dem anderen Objekt der Beziehung im gleichen Zeitpunkt erfolgen muß - ist eine unbedingt zu erfüllende und erfüllbare Voraussetzung. Vorhandene Lücken bei der Gewährleistung der Konsistenz der Daten müssen bei der noch andauernden Spezifikation des SQL3-Standards gegebenfalls beseitigt werden.

Das Konzept der hybriden Datenbanksysteme ist nach SIMON (1995, S. 160) bereits seit den späten 80er Jahren verfügbar und ist ungeachtet der Schwächen bei der Speicherung komplexer Datenstrukturen und der Performance vor allem wegen des einfachen objektorientierten Zugriffs auf bereits vorhandene relationale Datenbanksysteme und der flexiblen Erweiterbarkeit derzeit die überwiegend angewandte Methode zur Verknüpfung von objektorientierter Modellierung mit relationalen Datenbanken.

Die erweiterten relationalen Datenbanksysteme sind gerade dabei, im Markt zu etablieren. Die Spezifikation des künftigen Sprachstandards SQL3, von dem die bereits veröffentlichten Merkmale beispielhaft in Kapitel 4.2.3 beschrieben sind und dessen letztendliche Formulierung sich noch ändern kann, zeigt aber das Potential, daß im Konzept der objektorientierten Erweiterung des relationalen Modells steckt. Ob es bei der Dominanz der hybriden Datenbanksysteme mit der verhaltensmäßigen Objektorientierung nach DITTRICH (1990a, S. 234) bleibt, wenn die Verknüpfung von objektorientierter Modellierung mit relationalen Datenbanken notwendig ist, oder ob sich die erweiterten relationalen Datenbanksysteme mit der vollen Unterstützung des bisherigen relationalen Standards und der Erweiterung um die volle Objektorientierung nach DITTRICH (1990a, S. 234) durchsetzen werden, kann nach dem derzeitigen Kenntnisstand nicht vorhergesagt werden. Von der reinen 'Papierform' her spricht jedoch vieles für den Ansatz der erweiterten relationalen Datenbanksysteme, der zur Zeit von führenden Herstellern relationaler Datenbanken, wie z.B. INFORMIX oder ORACLE, mit Hochdruck weiterentwickelt und zur Marktreife gebracht wird.

Erklärung

Ich versichere, daß ich diese Diplomarbeit selbständig und nur unter Verwendung der angegebenen Hilfsmittel angefertigt und die den benutzten Quellen wörtlich oder inhaltlich entnommenen Stellen als solche kenntlich gemacht habe.

Die Arbeit hat in gleicher oder ähnlicher Form noch keiner anderen Prüfungsbehörde vorgelegen.

Oldenburg, den 15. 10. 1997

(Uwe Bollerslev)

67

6 Literaturverzeichnis

ANDLINGER, P., GIERLINGER, C. UND G. QUIRCHMAYR: Making C++ Object Persistent by Using a standard Relational Database System. In: Proceedings of DEXA 1991.

ANANTHANARAYANAN, R., GOTTEMUKKALA, V., KAEFER, W., LEHMANN, T.J. und H. PIRAHESCH: Using the co-existence approach to achive combined functionally of object-oriented and relational systems. In: Proceedings of the 1993 ACM SIGMOD International Confernece on Management of Data, Washington D.C., 1993, Vol. 22, Nr. 2, S. 109 - 118.

ATKINSON, M., DEWITT, D., MAIER, D., BANCILHORN, F., DITTRICH, K. and S. ZDONIK: The Object-Oriented Database System Manifesto. In: KIM, W., NICHOLAS, J.M. and S. NISHIO: Deductive and Object-Oriented Databases, eds, Elsevier Science, Amsterdam, 1990, S. 223 - 239.

BANERJEE, J., CHOU, H.-T., GARZA, J.F., KIM, W., WOELK, D., BALLOU, N. und H.-J. KIM: Data model issues for object-oriented applications. In: ACM Transactions on Office Information Systems, Vol. 5, Nr. 1, 1987.

BARSALOU, T., SIAMBELA, N., KELLER, A.M. und G. WIEDERHOLD: Updating relational databases through object-based views. In: Proceedings of the 1991 ACM SIGMOD International Conference on Management of Data, Denver, Colorado, 1991, Vol. 20, Nr. 2, S. 248 - 257.

BEERI, C.: Formal models for object-oriented databases. In: Kim, W., Nicolas, J.-M. und S. Nishio (Hrsg.): Proceedings 1st International Conference on Deductive and Object-Oriented Databases, Kyoto, Elsevier, 1989, S. 370 - 395.

BEERI, C.: A formal approach to object-oriented databases. In: Data and Knowledge Engineering, 5 (4), 1990, S. 353 - 382.

BLAHA, M.R., PREMERLANI, W.J. und J.E. RUMBAUGH: Relational database design using an object-oriented methodology. In: Communications of the ACM 31, 4 (April 1988), 414 - 427.

BURLESTON, D.K.: Mapping object-oriented applications to relational databases. In: Object Magazine Jan. 1994.

CATTELL, R.G.G.: What are next generation database systems? In: Communications of the ACM 34, 10 (October 1991), S. 31 - 33.

CATTELL, R.G.G.: Object Data Management: Object-oriented and Extended Relational Database Systems, Addison-Wesley, 1994.

CHEN, P.P.S.: The Entity-Relationship Model - Toward a Unified View od Data. In: ACM Transactions on Database Systems, Vol.1, Nr.1 (März 1976), S. 8 - 36.

CODD, E.F.: A relational model of data for large shared data banks. Communications of the ACM 13, 6 (June 1970), S. 377 - 387.

CODD, E.F.: Extending the Database Relational Model to Capture More Meaning. In: ACM Transactions on Database Systems, Vol. 4, Nr. 4 (Dezember 1979), S. 397 - 434.

COOK, S. und J. DANIELS: Keeping Objects Intact. In: Sixt International Expert Systems Conference. 1991. London, UK, S. 49 - 60.

DATE, C.J.: An Introduction to Database Systems Vol. 1, 6. Auflage. Reading, MA: Addison-Wesley, 1995.

DAVIS, J.R.: INFORMIX-Universal Server - Die Erweiterung des RDMS zur Verwaltung komplexer Daten. DataBase Associates International, Post Office Box 310, Morgan Hill, CA 95038-0310, November 1996.

DINKHOFF, G., GRUHN, V., und M. ZIELONKA: Praxisorientierte Aspekte der Leu-Datenmodellierung. In: Emisa Forum (1994) 1, S. 15 - 27.

DITTRICH, K.R.: Objektorientierte Datenmodelle als Basis komplexer Anwendungssysteme. In: Wirtschaftsinformatik 32, Nr. 3, 1990, S. 228 - 237.

DITTRICH, K.R.: Objektorientiert, aktiv, erweiterbar: Stand und Tendenzen der „nachrelationalen" Datenbanktechnologie. In: Informationstechnik it 32, Nr. 5, 1990, S. 343 - 354.

DITTRICH, K.R.: Migration von konventionellen zu objektorientierten Datenbanken: soll man, muß man - oder nicht? In: Wirtschaftsinformatik Jg. 35, Nr. 4, 1993, S. 346 - 352.

FAHRNER, C. und G. VOSSEN: Transforming relational database schemas into object-oriented schemas according to ODMG - 93. In: Proceedings of the 4th International Conference on Deductive and Object-Oriented Databases, National University of Singapore, 1995, S. 429 - 446.

FERSTL, O.K. und E.J. SINZ: Objektmodellierung betrieblicher Informationssysteme im Semantischen Objektmodell (SOM). In: Wirtschaftsinformatik, Jg. 32, Nr. 6, 1990, S. 566 - 581.

FERSTL, O.K. und E.J. SINZ: Ein Vorgehensmodell zur Objektmodellierung betrieblicher Informationssysteme im Semantischen Objektmodell (SOM). In: Wirtschaftsinformatik, Jg. 33, Nr. 6, 1991, S. 477 - 491

FERSTL, O.K. und E.J SINZ: Grundlagen der Wirtschaftsinformatik, Band 1. Zweite Auflage, Oldenbourg-Verlag, München/Wien, 1994.

FISCHER, J.: Datenmanagement. Datenbanken und Datenmodellierung. Oldenbourg-Verlag, München/Wien, 1992.

FISCHER, J.: Aktive Datenbankmanagentsysteme. In: Wirtschaftsinformatik 38, 1996, S. 435 - 438.

FONG, J.: Mapping extended entity relationship model to Object Modelling Technique. In: SIGMOD Record, Vol. 24, Nr. 3, 1995, S. 18 - 22.

GABRIEL, R. und H. P. RÖHRS: Datenbanksysteme. Konzeptionelle Datenmodellierung und Datenbankarchitekturen. Springer-Verlag, Berlin et al., 1994.

GALLAGHER, L.: Object SQL - language extensions for object data management. In: Proceedings First International Conference on Information and Knowledge Management, Baltimore, 1992

GEHRING, H.: Datenbanksysteme, Kurs 0817. FernUniversität Hagen, Hagen 1996.

HEUER, A. und G. SAAKE: Datenbanken. Konzepte und Sprachen. International Thomson Publishing-Verlag, Bonn/Albany u.a., 1995.

HEUER, A.: Objektorientierte Datenbanken - Konzepte, Modelle, Systeme. Bonn: Addison-Wesley, 1992.

HEUER, A.: Objektorientierter Datenbankentwurf. In: Informatik-Spektrum, 16, 1993, S. 96 - 97.

JOUSTEN, U.: Eine objektorientierte Sicht zur Integration relationaler Datenbanken. Arbeitspapiere der GMD 522, Gesellschaft für Mathematik und Datenverarbeitung mbH, Sankt Augustin 1991.

KEENE, C. und J. STEIN: Improving the relational/object interface. In: Object Magazine, 1994, Seiten 46, 48-9.

KELLER, A.M., JENSEN, R. und S. AGARWAL: Persistence Software: Bridging object-oriented programming and relational databases. In: Proceedings of the 1993 ACM SIGMOD International Conference on Management of Data, Wahington D.C., Vol. 22, Nr. 2, 1993, S. 523 - 528.

KEMPER, A. und A. EICKLER: Datenbanksysteme. Eine Einführung. Oldenbourg-Verlag, München/Wien, 1996.

KEMPER, A. und G. MOERKOTTE: Basiskonzepte objektorientierter Datenbanksysteme. In: Informatik-Spektrum, 16, 1993, S. 69 - 80.

KIFER, M., KIM, W. und SAGIV, Y.: Querying object-oriented databases. In: Proceedings ACM SIGMOD International Conference on Management of Data, New York: ACM, 1992, S. 393 - 402.

KULKARNI, K.G.: Objekt-orientation and the SQL standard. In: Computer Standards & Interfaces 15 (1993), S. 287 - 300.

LAUSEN, G.: Objektorientierte Datenbanken: Modelle und Sprachen. R. Oldenbourg Verlag, München/Wien, 1996.

LOCKEMANN, P.C.: Weiterentwicklung relationaler Datenbanken für objectorientierte Anwendungen. In: Informatik-Spektrum, 16, 1993, S. 81 - 88.

LOHMANN, G.M., LINDSAY, B., PIRAHESCH, H. und K.B. SCHIEFER: Extensions to Starburst: Objects, Types, Functions and Rules. In: Communications of the ACM, Vol. 34, 10 (October 1991), S. 94 - 109.

LOOMIS, M.E.S.: Object Databases - The Essentials. Reading, MA: Addison-Wesley, 1995.

LOOMIS, M.E.S.: Objects and SQL: Accessing relational databases. In: Object Magazine Sept/Oct 1991.

LOOMIS, M.E.S.: Object and relational technologies: Can they cooperate? Object Magazine, Vol. 2, Nr. 5, 1993, S. 35 - 40.

MANOLA, F.: An Evaluation of Object-Oriented DBMS Developments - 1994 Edition. Technical Report TR-0263-08-94-165. Waltham, MA: GTE Laboratories, 1994.

MARKOWITZ, V.M. und J.A. MAKOWSKY: Identifying extended entity-relationship object structures in relational schemas. In: IEEE Transaction on Software Engineering 14, 8 (August 1990), 777 - 790.

MAYR, H.C., DITTRICH, K.R. und P.C. LOCKEMANN: Datenbankentwurf. In: Lockemann, P.C. und J.W. Schmidt (Hrsg.), Datenbank-Handbuch, Berlin-Heidelberg-New York, 1987, S. 482 - 557.

MERTENS, P.: Integrierte Informationsverarbeitung 1; Administrations- und Dispositionssysteme in der Industrie, 10. Auflage, Gabler-Verlag, Wiesbaden 1995.

NARASIMHAN, B., NAVATHE, S. und S. JAYARAMAN: On Mapping ER and relational model into OO schemas. In: Proceedings of the 12th International Conference on Entity Relationship Approach, Texas USA, 1993, S. 402 - 412.

ÖSTERLE, H.: Business Engineering. Prozeß und und Systementwicklung. Band 1: Entwurfstechniken. 2. Auflage, Springer-Verlag, Berlin/Heidelberg u.a., 1995.

ORTNER, E. und B. SÖLLNER: Semantische Datenmodellierung nach der Objekttypenmethode. In: Informatik-Spektrum, 12, 1989, S. 31 - 42.

PISTOR, P.: Objectorientierung in SQL3: Stand und Entwicklungstendenzen. In: Informatik-Spektrum, 16, 1993, S. 89 - 94.

PREMERLANI, W.J. und M.R. BLAHA: An approach for reverse engineering of relational databases. In: Communications of the ACM, Vol. 37, 5 (May 1994), S. 42 - 49, 134.

PREMERLANI, W.J., BLAHA, M.R., RUMBAUGH, J.E. und T.A. VARWIG: An object-oriented relational database. In: Communications of the ACM, Vol. 33, 11 (November 1990), S. 99 - 108.

RAMANTHAN, C.: Providing object-oriented access to a relational database. In: Proceedings of the 32nd ACM Annual Southeast Conference, New York / Tuscaloosa, Alabama, 1994, S. 162 - 165.

RAMANATHAN, S. and J. HODGES: Reverse Engineering Relational Schemas to Object-Oriented Schemas. Technical Report No. MSU-960701, Department of Computer Science, Mississippi State University, Box 9637, Mississippi State, 1996.

RUMBAUGH ET AL.: Object oriented Modeling and Design, Prentice Hall, 1991, S. 366 - 390.

SCHEER, A.-W.: Wirtschaftsinformatik. Referenzmodelle für industrielle Geschäftsprozesse. Springer Verlag, Berlin usw., 1995.

SILBERSCHATZ, A., STONEBRAKER, M. und J. ULLMANN: Database Systems: Achivements and Opportunities. In: Communications of the ACM, Vol. 34, 10 (October 1991), S. 110 - 120.

SIMON, A.R.: Strategic Database Technology: Management for the Year 2000. San Francisco, 1995, Calif.: Morgan Kaufmann.

SINZ, E.J. und M. AMBERG: Objektorientierte Datenbanksysteme aus der Sicht der Wirtschaftsinformatik. In: Wirtschaftsinformatik 34, Nr. 4, 1992, S. 438 - 441.

STONEBRAKER, M. und G. KEMNITZ: The Postgres Next-Generation Database Management System. In: Communications of the ACM, Vol. 34, 10 (October 1991), S. 78 - 92.

STONEBREAKER, M. und D. MOORE: Object-relational DBMSs: the next great wave. San Francisco, 1996, Calif.: Morgan Kaufman.

STONEBREAKER, M. und L.A. ROWE: The Design of POSTGRES. In: Proceedings of the ACM SIGMOD Conference. 1986. Washington DC, S. 340 - 355.

THURNHERR, B. und C.A. ZEHNDER: Global Data Base Aspects, Consequences for the Relational Model and a Conceptual Language. ETH Zürich, Institut für Informatik, Bericht No. 30, Zürich 1979.

UMLAND, R.: Objektorientierte Datenbanken - Konnzepte und Modelle. Thomson's Aktuelle Tutorien (TAT) 4. Bonn: International Thomson Publishing, 1995.

VASAN, R.: Relational databases and objects: a hybrid solution. In: Object Magazine, Vol. 2, Nr. 5, 1993, S. 41 - 43.

VETTER, M.: Aufbau betrieblicher Informationssysteme mittels objektorientierter, konzeptioneller Datenmodellierung, 7. Auflage, Stuttgart: B.G. Teubner, 1991.

VOSSEN, G.: Datenbank-Theorie. Thomson's Aktuelle Tutorien (TAT) 5. Bonn: International Thomson Publishing, 1995.

VOSSEN, G.: Datenmodelle, Datenbanksprachen und Datenbank-Management-Systeme, 2. Auflage. Bonn: Addison-Wesley, 1994.

WON, K.: Object-oriented systems: strenghts and weakness. In: JOOP, Vol. 4, Nr. 4, 1991, S. 21 - 29.

ZEHNDER, C.A.: Informationssysteme und Datenbanken. 3. Auflage, Teubner-Verlag, Stuttgart, 1985.

Diplomarbeiten Agentur

Die Diplomarbeiten Agentur vermarktet seit 1996 erfolgreich
Wirtschaftsstudien, Diplomarbeiten, Magisterarbeiten, Dissertationen
und andere Studienabschlußarbeiten aller Fachbereiche und Hochschulen.

Seriosität, Professionalität und Exklusivität prägen unsere Leistungen:

- Kostenlose Aufnahme der Arbeiten in unser Lieferprogramm
- Faire Beteiligung an den Verkaufserlösen
- Autorinnen und Autoren können den Verkaufspreis selber festlegen
- Effizientes Marketing über viele Distributionskanäle
- Präsenz im Internet unter **http://www.diplom.de**
- Umfangreiches Angebot von mehreren tausend Arbeiten
- Großer Bekanntheitsgrad durch Fernsehen, Hörfunk und Printmedien

Setzen Sie sich mit uns in Verbindung:

Diplomarbeiten Agentur
Dipl. Kfm. Dipl. Hdl. Björn Bedey –
Dipl. Wi.-Ing. Martin Haschke ——
und Guido Meyer GbR ————

Hermannstal 119 k ————
22119 Hamburg ————

Fon: 040 / 655 99 20 ————
Fax: 040 / 655 99 222 ————

agentur@diplom.de ————
www.diplom.de ————

www.ingramcontent.com/pod-product-compliance
Lightning Source LLC
La Vergne TN
LVHW092346060326
832902LV00008B/842